中國

脣槍舌戰的
≫≫≫ 春秋時代

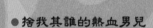

- 捨我其誰的熱血男兒
- 獨領風騷的思想巨人
- 一曲難在的妙曼天音
- 探究鐵馬金戈的戰國遺跡
- 追尋萬古流芳的諸子百家
- 開啓色彩斑斕的曾侯乙墓

史話

中國史話

本書是根據CCTV10教科文行動「中國史話」編纂而成，大致依編年的方式講述中國的歷史，透過考古的發掘，述說不為人知的傳奇與奧妙，中華文明的歷史遺存，在專家學者巨細靡遺抽絲剝繭的努力之下，伴隨著連連的驚嘆聲中一一呈現眼前，歷史殘存的片段獲得合理印證與連結，展現出中華歷史燦爛輝煌的廣度與深度。全書共分為六冊：

(1)尋找失落的歷史年表
《石器時代、夏、商、西周》(170萬年前~西元前771)

中華文明的歷史遺存，考證遠古人類的生存方式。

慷慨萬千的斷代工程，解讀夏商周的歷史年表。

嘆為觀止的考古發掘，述說不為人知的傳奇與奧妙。

本書共分四章，內容包括：文明初始、尋找失落的年表、三星堆、殷墟婦好墓。

這裏有中華文明的歷史遺存、慷慨萬千的斷代工程、嘆為觀止的考古發掘，本書為讀者考證遠古人類的生存方式、解讀夏商周的歷史年表、述說不為人知的傳奇與奧妙。

(2)唇槍舌戰的春秋時代
《東周、春秋戰國》(西元前770~ 西元前222)

捨我其誰的熱血男兒，探究鐵馬金戈的戰國遺跡。

獨領風騷的思想巨人，追尋萬古流芳的諸子百家。

一曲難在的妙曼天音，開啓色彩斑斕的曾侯乙墓。

本書分西周和春秋戰國和曾侯乙墓兩部分。內容包括：封建王朝的開端、制禮作樂與由神及人、競爭與動盪紛雜的歷史、隱者和道家等。

(3)氣吞山河的雄奇帝國
《秦、兩漢三國、魏晉南北朝》(西元前359~西元573)

曇花一現的鐵血軍團，親歷橫掃天下的大秦帝國。

風雲際會的兩漢王朝，撫摸魅力永駐的雲岡龍門。

群雄爭霸的三國鼎立，再現白衣飄然的魏晉風度。

本書共分五章，內容包括：秦帝國、兩漢三國、金縷玉衣、魏晉風度、石刻上的歷史。您可以領略曇花一現的鐵血軍團、風雲際會的兩漢王朝、群雄爭霸的三國鼎立，亦可親歷橫掃天下的大秦帝國、撫摸魅力永駐的雲岡龍門，書中再現了白衣飄然的魏晉風度。

(4)塵封不住的絢麗王朝
《隋唐、兩宋、五代十國(遼、西夏、金)》
(西元581~西元1206)

風華絕代的隋唐氣象，領略繽紛瑰寶的盛世繁華。

一枝獨秀的兩宋雲煙，品味錦上添花的兩宋芳澤。

塵封千載的西夏往事，探尋黃沙深處的王朝蹤影。

本書共分八章，內容包括：隋朝業績、虞弘墓、盛唐氣象、大唐遺風、五代與遼文化、汴京夢華、錦繡江南、西夏王朝。書中涵蓋風華絕代的隋唐氣象，一枝獨秀的兩宋雲煙，塵封千載的西夏往事，可以領略繽紛瑰寶的大唐繁華，品味錦上添花的兩宋芳澤，探尋黃沙深處的王朝蹤影。

(5)三朝上演的皇權沉浮
《元、明、清》(西元1206~西元1842)

獨步天下的蒙古帝國，揭開繁盛華錦的蒙古詩篇。

氣吞華宇的明朝帝都，起航波瀾壯闊的明代巨輪。

濃墨重彩的康乾盛世，透視盛極而衰的清宮末路。

本書共分六章，內容包括：元朝風韻、明朝興起、康乾盛世、避暑山莊、文化劫掠、近代鐵路。

通過本書您可以了解縱橫四海的蒙古帝國、氣吞華宇的明朝帝都、濃墨重彩的康乾盛世，您可以綜覽氣象萬千的元朝風韻、起航大氣磅礴的明代巨輪，可以透視盛極而衰的清宮末路。

(6)吶喊聲中的圖強變革
《清末、民初》(西元1900~西元1919)

暮鼓晨鐘的血雨腥風，展示庚子事變的翻天覆地。

席捲神州的覺醒奮發，重現覺醒者們的生死豪情，描繪勵精圖治的少年中國。

本書分為庚子事變和記憶百年兩部分。主要內容包括：庚子事變的真相、清軍和義和團對東交民巷的圍攻、聯軍攻進了北京城、孫中山革命、清帝遜位、民國成立。

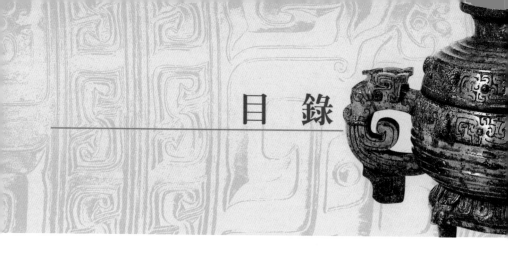

目　錄

目　錄

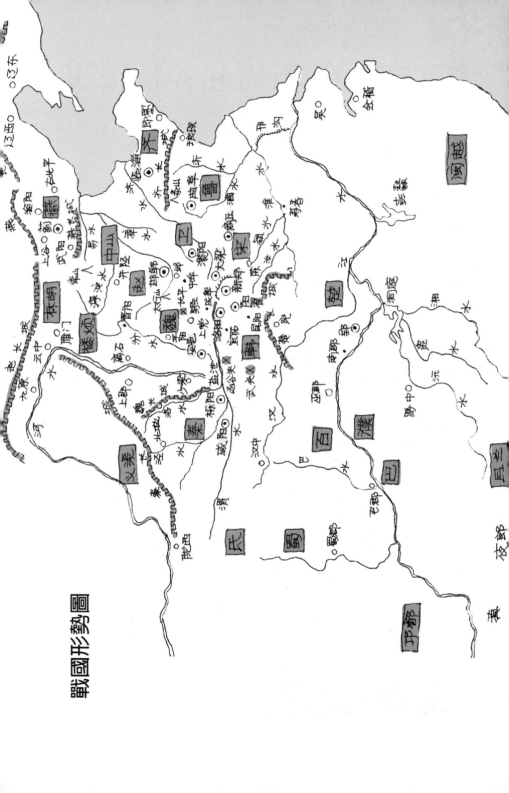

戰國形勢圖

第一章 西周和春秋戰國

<1> 封建王朝的開端

在《史記》中，司馬遷這樣記述了周王朝的誕生：

曾經有其他的民族侵略周，周人欲戰，古公亶父回答說，我不忍殺人父子。周人為了避免無謂的流血，捨棄了家園，遷到岐山腳下。

在現在的周原遺址，立有歌頌古公亶父人品和功績的石像。

由商向西，大約六百公里的岐山腳下的周原（今陝西省岐山縣周原一帶），即是周的中心。周把人民當做國家的財富，這樣的姿態，逐漸在周圍各國中獲得很高的聲望。渭水流淌在周原大地上，在渭水之濱，終於上演了一場大大改變歷史的征戰，主導是古公亶父之孫周文王和太公望呂尚（即民間所稱的「姜太公」）。文王高度讚賞太公望的才能，並邀請太公望為周的軍師。這時，大量的其他民族的民眾湧入周，不斷訴說殷商的殘暴，請求周推翻殷商，改天伐殷的決心在文王死後由武王繼承。作為周的強大對手，商紂王在史學家的筆下，也曾是一代有作為的君王，後來由於他驚人的殘暴與沉溺於酒色，

⬆ 西周早期的鄂叔簋 高18.5釐米

⬆ 岐山腳下的周原

使國力衰竭，即使他文武雙全，也無法扭轉眼前的現實。

此時，周族人對商王朝表面上百依百順，不斷以珍寶、美女進貢，而私下卻廣招人才，加強軍備，直到周人發動進攻之前，商紂王仍蒙在鼓裏。

西元前一〇四六年二月，一支軍隊行進在雷電交加、風雨泥濘的進軍途中，這就是姜太公率領的伐紂大軍。東渡黃河之後，姜太公命令沉掉所有船隻，不留後路，和商軍決一死戰。據《史記》記載，武王伐殷的這場戰爭被稱為牧野之戰，是夏商周三代最大的戰爭。對於武王、太公望和其他民族來說，這是一場力量懸殊的戰爭：武王集結了周圍八國的民族，在周的旗幟下，集結戰車四千三百輛，士兵四萬八千人；而迎戰的殷軍有七十萬人，周軍的士兵還不到殷軍士兵的十分之一。但是戰爭發生了意想不到的變化，殷軍士兵們讓開道路歡迎周軍的到來。周代製造的青銅禮器「利簋」描述了牧野之戰的情況：武王滅紂，戰爭從早上開始，到黃昏就很快結束。殷軍雖然人數眾多，但皆無作戰之心，紛紛丟下武器，為武王的大軍讓開道路，使人們感到殷軍中其他民族的士兵們正在希望周軍的進攻獲得勝利。

讓我們從文物中追溯周的風采，感受周的意蘊：「大禹鼎」從周原出土，鼎的內側刻有文字，訴說了周滅商的理由——殷商失去天命，殷商的守護者們沉溺於酒，放鬆了對軍隊的統帥，因此文王承天命，繼而武王滅掉了殷商。

歷史上的西周，是中華文明制度禮樂的奠基時代。而這個局

↑ **周文王和太公望呂尚** 呂尚，姜姓，也叫姜尚，字子牙，東海人，據說是炎帝的後代。學問淵博，曾在商紂手下做事，關於他如何成為周臣，有幾種傳說，但幾乎一致的說法是，直到他年老才在垂釣巧遇周文王，周文王和他交談，發現他見識非凡，非常興奮地說：「當初我的太公曾經說過一定會有聖人到周地，周將靠他而興旺。您就是這位聖人嗎？吾家盼望您很久了！」於是稱他為「太公望」，立姜尚為國師

面的開創，則歸功於三個人，那就是文王、武王和周公。

周文王在位五十年，他勤於時政，團結民眾，他重視農事，關懷小民，協調工作。五十年如一日，從早忙到晚，甚至連吃飯的時間都沒有。正是由於周文王的努力爲周最終戰勝商紂王奠定了堅實的基礎。

周文王即位之初國力並不強盛，周仍然是商的屬國，周文王對殷紂王畢恭畢敬，並接受殷紂王冊封的「西伯」稱號，周文王的父親被殷紂王父親害死，文王實際上與殷紂王有不共戴天之仇，但文王即位時國家不強大，難以和商王朝抗衡。周文王只能忍氣吞聲，謀求國家力量的進一步發展。

周文王爲取得殷紂王的信任，對殷紂王百般聽命，及時進貢珍寶和美女。祭祀紂王的祖先時，一定親自到場，並顯得恭恭敬敬。周文王的良好表現，殷紂王看在眼裡，喜上心頭，殷紂王敕命文王爲「西伯」，「西伯」就是西方諸侯之長。同時，殷紂王要求周文王以西伯的名號，替殷紂王征服叛國。周文王名正言順利用這個時機，打著爲殷征服叛國的旗號，有計劃地四處征伐，樹立自己的權威。征戰的結果使得周的力量越來越強大，勢力範圍越來越廣闊。

↑ 紂王之墓

文王作爲西方諸侯之長，在自己的地域範圍內，推行禮讓謙和的文化氣圍。國中治理的井井有條，令四周的諸侯見了心生仰慕之情。周的東邊有兩個小諸侯國，即虞國和芮國。兩國因爲爭

↑ 河南新鄉周武王同盟之山碑

● 西周中期的四鳥扁足鼎
高12.8釐米，一九七八年
陝西扶風齊家村出土

>>> 歷·史·典·故 >>>

【稱馬為匹】
　　傳說顏回與孔子遊泰山，
走到離吳閶門不遠處時，孔子
看見城門外繫有一匹白馬。孔
子就問顏回看見城門外有什麼
東西沒有，顏回說有匹練一樣
的東西。孔子笑著糾正顏回
說：「那是一匹白馬啊！」近
前一看，果如孔子所言，以後
就稱馬為匹了。

田奪土而互不相讓。虞、芮兩國國君便到
周找「西伯」周文王來裁決這件事，在周
的境內，兩人看到這裏的人彬彬有禮，互
相謙讓，連劃田界都互讓而不爭，於是兩
國以所爭之田為閒田而退出爭端。

　　周文王有一次出行在外看見一堆枯
骨，便派人去把它埋好。手下官吏回答
說，這是無主的枯骨，文王說：「有天下
者天下之主，有一國者一國之主，我就是
他的主。」天下人聽到這件事對周文王心
生歸屬之情。

　　周文王的領袖魅力吸引了眾多人才，
連殷紂王身邊的人也有投奔到周文王麾下
的。文王對有才之士禮遇有加。周以外的
貴族，太顛、閎夭、散宜生、鬻子、辛甲
等人都來到周文王身邊，為周的征戰和治
國出謀劃策。

　　周文王首先向周的西方用兵，以解除
東進克商時後顧之憂，向西方用兵主要針
對的是犬戎和密須兩個民族。進攻密須是

>>> 中·外·名·人 >>>

■武王
　　（生卒年不詳）姓姬名
發。西元前一〇四六左右，聯
合庸、蜀、羌、微、盧、彭、
濮等族或方國，在牧野一戰打
敗紂王的軍隊。紂王自焚，商
朝滅亡，中國歷史上第三個王
朝周正式建立。

■掃羅
　　（Saul，生卒年不詳）約
前一〇四〇─前一〇一二在
位，士師時代末期希伯來人的
第一個國王，從他開始（前一
〇二〇─前一〇〇〇年），希伯
來人的歷史進入統一王國時
代。其成就促進了希伯來人的
覺醒和統一。

⬆ **西周中期的削人守門方鼎** 一九七六年陝西
扶風縣莊白村出土

文王首次遇到的重大戰役，並取得決定性勝利。

文王滅密須以後，就轉而向東征伐，向商王朝的領地開始步步逼近，文王向東直指在今山西長治的黎，這裡距離殷王朝的京城不遠，中間只隔一座太行山脈。接著又攻下了邘，文王在東方最費力的進攻就是進攻崇國，崇國築有高大的城牆。難以進攻，文王精心組織謀劃，取得了勝利，從而能從北中南三個方向向殷朝進攻。文王為了能夠更好地進攻殷朝，還把首都從周遷移到豐，以便於從這裏出發調動大軍攻滅殷朝，文王在做好政治軍事、人心向背的準備之後，正準備調動大軍攻滅殷朝時，卻老死於工作中。

文王在位五十餘年，兢兢業業，為後繼者武王伐紂做好了一切準備。

周武王是周文王的第二個兒子，武王全面繼承文王所創的基業，繼續重用文王選拔的大臣執政，保持了政策的連續性。

武王即位後第四年，經過對自己隊伍的充分演練和準備後，恰逢殷貴族內部因為紂王的淫暴而分崩離析。武王認為伐商的時機已到，親率戰車三百乘，勇猛的虎賁三千人，以及普通甲士四萬五千人向東討伐殷紂王，在牧野一日之內擊潰殷的守軍，攻佔朝歌。殷紂王在鹿台自焚，殷朝政權土崩瓦解，然後，武王分兵多路，瓦解殷朝駐屯別處的守軍和其所屬藩國的抵抗。

經過幾年征戰，武王佔領殷商全境及其所屬藩國。

周武王就是因為克商的武功，才得到武王的稱號。

武王克商之後，把都城從文王所建的豐邑，遷到鎬京。豐邑和鎬京其實相距很近，兩者之間的距離不過二十五里（都在今陝西西安市郊長安區）。

武王為了鞏固統治，開始推行分封制，武王分封的諸侯，有兩種，一種是先代是功臣之後，另一種是親屬。至於對待敵對的殷貴族，雖然也有給封地的，但情況完全不同。當時，原商朝王畿以內，殷貴族的勢力還很強大，特別是殷貴族的基層，士一級人數眾多，很難統治。武王對此採用一面加以安撫、籠絡，一面加強監督控制的方法。加強監督控制就是設置三監，三監分別是紂王之子武庚，以及武王的兩個弟弟管叔和蔡叔。設置三監的目的在於把新征服的商朝王畿分割開，以便對原來有統治勢力的殷貴族加以安撫和監督，進而消除他們的頑強反抗。事實上，這個辦法並沒有取得預期的效果。

武王去世後，成王年歲尚小，周公旦掌握政權，周朝貴族內部發生爭奪王位的鬥爭。在此時機，管叔、蔡叔利用他們的權力和軍事力量，聯合紂王之子武庚和東方的方國部族發動叛亂。周公經過三年東征才把這場大亂平定。周公東征雖然取得勝利，但是，商朝統治的基層勢力還頑固地存在著。原來武王推行三監的分封制，既沒有取得預期的征服殷臣的功效，相反到一定時期，卻成為發動大叛亂的根源，因此，如何進一步加強控制原來的商代王畿，以及許多強有力的方國，如何消除殷貴族社會勢力的頑強反抗，成為周公必須加以解決的當務之急。

↑ 利簋上的銘文1

↑ 利簋上的銘文2

⬆ **侯母壺** 高三十九釐
米，為西周晚期器物

周公又稱周文公，是武王、管叔之弟，在武王諸弟中是最有才華的。武王時，周公已掌握大權，輔佐武王成就周朝事業。

牧野之戰，周公就參與謀劃，武王設置「三監」，周公也參與其中。武王認為周公既勤於政務，又多才多藝，因而要依兄終弟及的繼承法，傳位於周公，但周公惶恐而不敢接受。

武王死後，武王之子成王年幼，難以應付克殷之後複雜的政治鬥爭形勢。周公憂慮諸侯因此叛周，就自己攝政稱王，努力完成武王遺志，穩定時局。

但叛周之事還是發生了。武王之弟、周公之兄管叔主謀發動了這場叛亂。管叔主謀發動叛亂具有爭奪王位的性質，因為他是武王之弟、周公之兄。武王死後，成王年幼，按殷兄終弟及的傳統，該由他繼承王位。這場叛亂又因為有殷貴族武庚及一些殷屬方國東夷參加而更顯複雜多變。因為殷遺民參加叛亂是圖謀推翻周朝而復國。

周公當時面臨的形勢十分嚴重，不但周與殷貴族之間有嚴重衝突，而且周貴族內部又有深刻的矛盾。當周公占卜吉利，準備興師東征之際，諸侯及其官僚、貴族則強調困難很大，不敢出征，要求違反占卜的結果。因為當時一是人民不安定，二是參與叛亂的都是王室、諸侯宗室，以及自己的父輩親屬。當周公動員諸侯及其所屬出發東征的時候，諸侯及其所屬居然一起公開出來表示反對。周公據理力爭，說服貴族東征。周公對他們反覆宣講，必須聽從上帝之命，聽從占卜結果；必須順從天意，在文王勤勞建成的基業上，繼續完成文王大業。

周公東征的戰略，首先控制大局，制止叛亂，然後各個擊破，全面平定叛亂。這個過程前後花了三年時間。第一年只是制止了叛亂的蔓延，第二年平定了管叔、蔡叔和武庚之亂，第三年繼續東征，才滅掉

↑ 河南淇縣牧野古戰場

↑ 國畫 牧野之戰

↑ 周武王肖像

東夷的奄國。對東夷的戰鬥顯得異常激烈，因為東夷處於今天的山東半島，三千多年前，這裏森林茂密，部隊行進困難，而且有很多猛獸如虎、豹、犀、象等出沒干擾。

周公東征取得巨大勝利，對周王朝的創建和鞏固具有重大作用。武王雖然已經

>>> 天·工·開·物 >>>

【干將鑄劍】
相傳春秋末年吳國鑄劍名匠干將、莫邪夫婦所鑄之劍，可削銅斷鐵，名馳吳越，曾為楚王鑄劍。根據約成書於東漢末年的《吳越春秋》記載，干將「採五山之鐵精，六合之金英」，以鑄鐵劍。三月不成。莫邪「斷髮剪爪，投於爐中，使童男童女三百人鼓橐裝炭，金鐵乃濡，遂以成劍」。製成的兩柄劍分別被稱為干將、莫邪。劍身均有花紋。干將劍「作龜文」，莫邪劍「作漫理」（水波紋）。楚王得劍後恐干將再為別國鑄劍，便將其滅口。這說明早在春秋時代便開始冶煉甚而鍛造鋼鐵了，在一定程度上反映了戰國和兩漢時代的製劍工藝。

>>> 中·外·名·人 >>>

■周公
（生卒年不詳）姓姬名旦。西周初年的大政治家、思想家。武王之弟。武王滅商後封於魯。相傳他制禮作樂，建立典章制度，主張明德慎罰。其品行為儒家思想提供典範。

■斯巴達立法者萊克爾加斯
（Lycurgus，約前八○○）傳說中建國之初斯巴達的改革者。約在前八二五～前八○○年間推行改革，他宣稱是從德爾斐的阿波羅神諭中獲得有關改革的思想從而為改革披上神聖的光彩。此神諭即後人稱為《大瑞特拉》的文件。

克殷，但是實際上除了周朝原有西土以外，只佔有殷原來的京畿以及南國，包括現今河南的北部、中部；河北東南角；山西南邊。因為殷代晚期，殷國力衰落，夷狄紛紛內遷，西北的戎狄進擾中原，東方的夷族漸居中土，殷的直屬領地已經縮小很多，而四周的夷狄部族和方國勢力一時大有擴展，使得殷減弱了力量，這也是殷滅亡的原因之一。

↑ 大禹鼎

↑ 大禹鼎上的銘文1

周克殷後，新建的周朝繼承了這個局面。同時，周以「小國」攻克殷的「大邦」，一下子不容易控制「大邦」的局勢，加上周的克殷，在京畿一戰而勝，原來京畿殷貴族的勢力仍保持著，而且根深蒂固。武王不得已

↑ 大禹鼎上的銘文2

而採用安撫和監督相結合的政策，繼續分封殷的王子武庚為屬國，並設置「三監」，但如此並無法消除殷貴族的頑強抵抗力量。武王克殷之後二年便去世，所謂「天下未寧而崩」，而成王年幼，三監、東夷聯合起來發動叛亂，確實造成了周的動盪艱難的局面。經過周公三年東征，才使艱難局面轉危為安。經過周公第二次「克殷」，對殷貴族的控制力量就大大加強了。經過周公攻克東夷許多方國和部落，就把東部原來東夷居住地區歸入周的直轄領地。可以說，周公東征的勝利，才使周朝基本上完成了統一大業，才奠定了創建周朝

↑ **公姞鬲** 高三十一釐米，西周中期文物，藏於美國舊金山亞洲藝術博物館

的基礎。

周公東征勝利後，爲了防止殷貴族勢力的再次叛亂，決定改變對殷貴族就地監督的辦法，開始大規模地強迫遷移殷貴族。一方面把殷貴族集中遷移到洛邑；另一方面，就是分批分配給主要的周貴族的分封國，讓周的諸侯王把殷貴族帶往遠處的封國。這樣，這些原本政治、經濟落後的封國可以利用受教育較多，有一定治國經驗的殷貴族的力量來加強周在當地的統治。周公使用一箭雙鵰的辦法解決了困擾周多年的殷頑民的治理問題。

周公三年平定叛亂後，爲加強對東方的統治，開始在伊、洛地區大規模營建新邑，作爲東都稱爲成周。原來的都城鎬京稱爲宗周，又稱西都。同時設置東西兩都，是爲了加強對中原地區以及對四方的管理和統治。這是中國歷史上的偉大創舉，爲後世王朝所仿效，這種行政設置對於加強全國的統一起著重要作用，因爲全國面積廣大，僻居西方的國都豐邑、鎬京不便於管理中原和東、北、南三方的政務。

周公攝政稱王七年後，把權柄交還成王。周的統治才開始眞正進入安定平穩期。

<2> 制禮作樂與由神及人

周代建立以後，商代由神來決定人間命運的時代已經過去，人們依照自己的意志來改變生活的時代開始了。殷商社會中指導一切的神，在周代僅存於儀式中。這是因為，地上是人間生活的地方，人們只要崇拜神，心存正義地去祭祀就可以了。

從商到周社會發生了巨大的變化，隨之，青銅器的器形也發生了變化。

臺北故宮博物院收藏了「毛公鼎」，商代經常看到的誇張的造型變得無影無蹤，裝飾也趨於簡單。周代的青銅器內寫滿了銘文。毛公鼎的內側就刻有周王對家臣毛公下達的指示，內容是依靠自己的努力解決社會動亂，銘文的內容透露出更多的人間性。

⬆ 毛公鼎 1

還有一個器物是用於盛放稻穀等糧食的，它上面刻著父親在兒子出門時交給兒子、並要求子孫作為家寶收藏的內容。這件容器的銘文顯露出美好的夢想，表明青銅器進入了人們的生活，器形也變得溫和了。

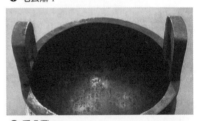

⬆ 毛公鼎 2

「侯母作侯父旅壺」器形豐

⬆ 毛公鼎上的銘文

↟ **西周晚期的伯多父盨** 高21.5釐米。盨和簋一樣,均為祭祀和宴享時盛放稻、粱、黍等飯食的用具

滿,是妻子為出征的丈夫做的,銅壺口沿上的銘文顯示了妻子對出征的丈夫深厚的感情,「侯母作,侯父戎登,用征行,用求福無疆」,為參加征戰的丈夫送行,祝願永遠的幸福,也可以說是希望丈夫能夠活著回來。銘文蘊含著深深的祝福和憧憬,標誌著周代社會出現了理智和人性的光輝。

司馬遷在《史記》中記載,周朝天下安定,刑罰只用了不足四十年。周是一個秩序井然的國家,祭祀天和祖先的時候,從建築物的大小到編鐘演奏的音樂,以

↟ **侯母壺的上半部**

≫≫≫ 天·工·開·物 ≫≫≫

【考工記】
中國先秦時期手工藝專著。作者不詳。據傳西漢時《周官》缺《冬官》篇而以此補入,得以流傳至今。全文約七千多字,記述了木工、金工、皮革工、染色工、玉工、陶工等六大類、三十個工種,其中六種已失傳,後又衍生出一種,實存二十五個工種的內容。書中分別介紹了車輿、宮室、兵器以及禮樂之器等的製作工藝和檢驗方法,涉及數學、力學、聲學、冶金學、建築學等方面的知識和經驗總結。清代學者戴震著有《考工記圖》、程瑤田著有《考工創物小記》等有關研究著作。

≫≫≫ 中·外·名·人 ≫≫≫

■姜子牙
(生卒年不詳)太公望,姜姓,因佐武王滅商有大功,封於齊,以營丘(亦稱臨淄,今山東淄博市東北)為都城。

■大衛
(Dawid或David,生卒年不詳)掃羅死後的繼任者。約前一○一二─前九七二年在位。期間他同腓尼基的推羅結成同盟,戰勝腓力士丁人,並統一以色列和猶太,建立以色列─猶太王國,定都耶路撒冷。

↑ 宗周鐘

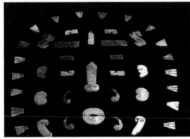

↑ 周代的玉製面具

及儀式的程式都有詳細的規定，這就是被稱為禮的制度，一切循禮而作。

故宮博物院收藏了周代諸王的肖像畫，其中有滅掉商的武王。武王將自己的王族和功臣封作各地的諸侯，試圖建立一個以周王為中心的有秩序的國家。諸侯根據身分分別被授予公、侯、伯、子、男的爵位，此後，分封的諸侯國超過了二百個。根據記載，諸侯國的領土面積以爵位而定，最高爵位的諸侯國也不過方百里，即大約六十平方公里的領地。

一九九二年發現了晉侯墓，周代的王族墓地在此以前一處也沒有找到，因此這次發掘使人們第一次了解到了周代統治者的埋葬情況。出土的屍骨上堆滿了精美的玉器，總數大約為三百件。古代的人們渴望永存，用玉器裝飾死者，周代也繼承了相同的習俗。在周代，不只是在埋葬死者的時候，在祭天的時候，在祭祖的時候，在朝拜天子的時候，也都使用玉器。什麼樣的儀式用什麼形狀的玉器，《禮記》中都有詳細的規定。

覆蓋在死者臉上的玉製面具，據說是為了防止惡鬼的侵入。「玉英文圭」，高三十釐米，在周代，圭是和爵位一起由周王授予的，圭是顯示身分的器具，不同爵

↑ 魚形尊 長二十八釐米，為西周晚期器物

位的人所攜帶的圭的長度是不同
的，天子在向諸侯授爵位的時
候，要在宮殿裏按照「禮」的規
定舉行莊重的儀式。在「頌壺」
的銘文中，詳細描寫了「周禮」
中關於儀式的情形：在朝陽升起
的同時，周王就座，臣子進門，
在內庭站立，宣讀周王的命
令。被授予黑色的禮服和綴
有鈴鐺的紅色旗幟的臣子，接
受委任狀，退出。根據後代的
記載，周朝有超過三千種禮儀，後來
誕生的孔子，一生所憧憬的就是這
種用禮治理的有秩序的國家。

↑ 世父鐘

　　北京故宮博物院收藏的「世
父鐘」是西周的青銅樂器，由八隻
二十二件大小不同的鐘組成的樂器

↑ 西周晚期的微伯瘋鋪
高14.5釐米。鋪的形制與豆相似，均為盛
放醬菜和乾果的器物

叫做編鐘。由編鐘演奏的音樂不只是為了娛樂，在祭神和祭祖等重
要的儀式中也是不可缺少的。「宗周鐘」是西周末期為了紀念周屬
王平定南方少數民族入侵而製作的，它也是周王為自己製作的現存
極為稀少的青銅器之一。在周代，音樂是儀式中必需而神聖的，因
此得到了快速發展。在當時，樂器不僅有編鐘，而且還有古琴等絃
樂器，據說還有合唱和舞蹈。

<3> 競爭與動盪紛雜的歷史

自東周起，社會進入到充滿思辨的春秋戰國時代，在這個百家爭鳴的時代中，誕生了許多豪強霸主、能臣奇士，也誕生了孔子、老子、墨子、孟子等一大批哲人。

周武王克商之後，沿用商朝的一套制度，即把土地分封給團結在武王周圍並作出一定貢獻的人，這些人再把土地分封給自己的功臣或親屬。這種層層分封土地的制度使得受封者既有土地，又有人民，容易導致分離傾向。這種制度歷經四百多年最終演變爲諸侯混戰，中華大地翻天覆地。在中華民族歷史上，發生如此大的巨變只有兩次，一次是春秋戰國，另一次就是從鴉片戰爭爆發的一八四〇年至今。

西周的土地分封制度剛開始時確實發揮了團結眾人，分權治國的作用。由於土地廣闊，交通條件又極其落後。這種形式的分權有利於諸侯發揮各自的積極性，因地制宜處理區域內的政治經濟事務。也正是因爲周王對諸侯如此放權，而維繫諸侯與天子關係僅僅是形式上的禮制，缺乏相應的制度監督和權力監控，最終醞釀了分封四百年之後的天下大亂。中國歷史進入春秋戰國時期。

西元前七七〇年，周平王從鎬京向東遷到洛邑，逃避犬戎進攻所帶來的生存威脅，春秋時期從此開始。歷經四百多年風雨歲月的侵蝕，諸侯之間原本既有的親情、友情逐漸被他們的後代淡忘、遺棄。而維繫他們團結在一

⬆ **蟠虺紋盨** 春秋早期，高十六釐米

起的領導核心周王室又軟弱無力，遵循周禮之人越來越少。諸侯之間爭權奪利，反目成仇，戰爭的激烈程度不斷升級。

　　春秋時戰鬥雙方還講求禮儀，看重形式，稍顯溫和，這種戰鬥作風持續到西元前四五三年就已蕩然無存，從這時開

↑ 秦公簋　春秋早期，甘肅天水出土，中國歷史博物館藏

始直到西元前二二一年秦始皇統一中國，戰鬥都異常激烈，死亡人數動輒以幾萬、十幾萬計。把這段時期稱作戰國，不僅僅因其戰爭次數多，更因為戰爭慘烈，即使從字面上感覺，「春秋」兩字含蓄有禮，雖有爭執，但也較為收斂，而「戰國」兩字卻是赤裸裸的相互搏殺，只要能消滅對方，無所不用其極。但二千二百年以前的戰

↑ 關於姜太公的繪畫 1

↑ 關於姜太公的繪畫 2

國時代是中國歷史上關鍵性的重大變革和發展時期，無論政治、經濟等各方面都有著重大的變革和發展。

　　這時的農業生產由於鐵工具的普遍使用，水利灌溉工程的開發，生產技術的進步，荒地的開墾，一年兩熟制的推行，農田產量有了較大增加，使得五口到八口之家的小農得以成長。魏、秦等國先後推行按戶籍授田的制度，規定一夫授田百畝，由此小農成為君主政權立國的基礎。隨

著小農經濟成爲立國的基礎，各國政權組織相應發生變革，廢棄了原來由各級貴族統治的制度，形成以將相爲首腦的中央集權的君主政權，普遍推行郡縣兩級的地方行政組織。

　　戰國前期，各國先後進行變法都是爲了進一步加強這種政治、經濟上的改革，維護和發展小農經濟，獎勵農民爲國家努力「耕戰」。由此富國強兵，從而在兼併戰爭中取勝。戰國時代以小農經濟爲基礎而建立的中央集權體制，爲秦漢以後歷代王朝沿用，其影響持續到近現代。

　　春秋戰國社會變動頻繁迅速，各種思潮爭相湧現，諸子百家就出現在這段時期。普通百姓要在心理上適應新環境，尋找安全感；國家管理者也要創新制度，創新手段來治理國家，各種各樣的學說帶著各自的夢想和追求，去滿足各類人心理上和精神上的需要，並在實踐中展示自己。

　　戰爭是催化劑，戰爭的雙方爲了擊敗對方，開始有意識地改進各自的管理制度，整合各種資源，官僚制度由此產生。國與國之間的競爭導致農業技術的改進，以提高生產效率；國與國之間的競爭導致俸祿制的職業官僚的出現，國與國之間的競爭導致社會結構的變化，出現了小自耕農、工商業者以及由宗法貴族分化而來的官僚和各種士等多個階層。

　　春秋戰國時期的混亂也帶來華夏民族的融合，由於戰爭所帶來的動盪遷徙，由於戰爭所帶來的侵略吞併，客觀上促進了各個區域居民的交流、融合。爲華夏民

⊕ 獸頭紋雙耳鬲
春秋早期，高
22.5釐米

族的形成奠定了早期的基礎。

　　除了民族的融合作爲春秋戰國時期的一個歷史主題外，春秋戰國之所以引人矚目，還在於這是一個思辨、競爭和動盪、繁榮並存的歷史時期。其中，由姜太公開創的齊國基業，是最明顯的例證。

　　姜太公以其卓越的雄才大略，輔佐周武王登上了中國歷史上第三個朝代的王位，然而他並沒有像小說《封神演義》中描寫的那樣，被封爲眾神的班頭，而是在周朝建立後，得到了中國山東半島古名爲營丘的一塊土地，同時他正式成爲周朝下屬的諸侯，國號爲齊的開國之君。他到任後的第一件事是擊敗了此地的東夷族，將齊國的疆土一直向東發展到了海邊，這使來自高山平原地區的華夏民族第一次看到了遼闊的海洋。據說太公望大力發展紡織業，使貧窮之地變成了富裕的諸侯國。在滅商戰爭中立了大功的姜太公，不僅是打仗的高手，在治理國家方面也顯示了出色的才能，他對當地土著民族的風俗採取了寬容的態度，並以一種人們樂於接受的方式來推行他的統治。

　　齊國在建國之初就制定了「因其俗減其禮，通商工之業，便魚鹽之利」的治國方略，因此其他諸侯國的人才和物品紛紛流向這裏。當時齊國有一個在今天看來仍

↑ **鑲嵌龍紋方豆** 春秋中期，高30.5釐米

然比較開放的政策，就是以外商駕車的數量來決定接待的規格：駕一輛車的免費就餐，駕三輛車的免費食宿，並供給馬飼料，駕五輛車的，除了同樣享受上述各種待遇外，另配備五名侍女和侍衛，這一政策吸引了大量客商。一時間，臨淄城裏「車轂擊，人肩摩，連衽成帷，舉袂成幕，揮汗成雨」。

《考工記》是中國現存最早的一部記載官府手工藝規範的專著，專家認為該書是齊國的官書。《考工記》對於製作玉器、陶器、船舶、兵器、銅器以及建築、水利等都有具體的記載，而其中對於製車工藝的論述尤為精到。從選材、裝輻、輪更、辰轉到成品檢驗技術都詳盡、嚴謹。在臨淄考古隊的出土文物倉庫裏，我們看到一些車的零件模型，這些車馬遺物，木製紋理清晰可辨，可見在春秋時期，齊國製車水準已經十分高超。《考工記》出現在齊國，也就不足為奇了。對於如何驗證輪子的平衡，《考工記》介紹了一個方法，「懸之，以視其輻之直也，水之，以視其平沉之均也」。也就是說，在做好的輪子上懸一個吊錘，以吊錘的線是否垂直來衡量輪子的輻條是不是均勻，再把輪子放到水裏，看輪子四周能否平整地浮出水面。在很多年以後，這種簡單易行，而又充滿智慧的方法還在使用。

駕車的技巧就在於如何控制馬，馬分為副馬和驂馬，中間兩匹為副馬，負責用力拉車，外側為驂馬，負責左右轉向，要想隨心所欲駕駛馬車，就要學會用韁繩調理好副馬和驂馬。《詩經·秦風·小戎》中所謂「駟驖孔阜，六轡在手」，說的就是這個道理。吉水和

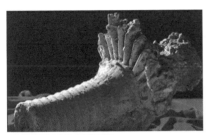

↑ 臨淄出土的齊國車零件

↑ 齊長城

↑ 齊國人造車的模型 2

↑ 臨淄故城模型

淄河兩岸的牧草資源，爲齊國
大量飼養馬匹提供了有利條
件，養馬業的興盛促進了齊國
經濟的繁榮。在齊國，上至王
公貴族，下至平民百姓，都喜
歡馬。齊國有一個小鎮叫千

↑ 齊國人造車的模型 1

乘，就是因爲齊景公遊馬遷寺而得名的。

　　在齊國首都臨淄郊外，有四個高大的土堆，這裏的百姓稱他們
爲「四王塚」，像這樣的墓穴，這裡還有很多，他們點綴著齊國古都
臨淄的原野。千百年後，遠遠望去，仍然隱隱透出一股帝王之氣，
或眞或假，都令人遙想當年齊國力的強盛。齊桓公於西元前六八一
年確立霸業。具有戲劇性的是，他居然起用了和他有一箭之仇的敵
手管仲做他的宰相，而正是這個差點兒要了他性命的人，卻使齊桓
公成了春秋時代第一任霸主。對管仲與齊桓公的這段生死之交，唐

代大詩人杜牧曾感歎到「幸脫當年車檻災，一匡霸業爲齊開，可憐三尺牛山土，千古長埋天下才」。

開創了齊國如此繁華局面的君主，是齊桓公，爲「春秋五霸」之一。此人在歷史上，是值得書寫的一位有識之人。

⬆ 齊故城桓公台遺址

周建國過程中，姜太公立了很多戰功，爲周文王和周武王兩代

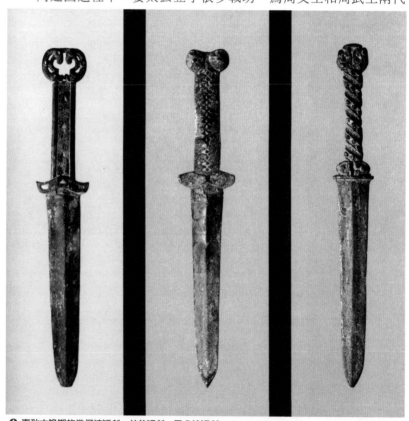

⬆ 春秋中晚期的幾何紋短劍、羊首短劍、馬犬紋短劍（從左至右）

↑ 蟠螭首短劍、羊目紋短劍、獸首短劍（從左至右）

當時，北方的戎狄各民族越過太行山向東侵擾，從東北興起的山戎族也趁機擾亂燕齊邊境，南方江漢流域的楚國也北進中原，在華夏諸侯看來，楚也是蠻夷之一。在這種南北雙方夾擊形勢之下，中原文化岌岌可危，時勢需要一個強有力的諸侯領袖聯合其他諸侯國共同保衛中原免受侵犯。

齊國經濟比較發達，有著良好的經商傳統，齊桓公繼承的國家，有一定的經濟實力來成為諸侯領袖，不過，齊桓公能成為齊國國君，以及後來能成為開創新局面的諸侯霸主，都有著較好的運氣成分。齊

人所倚重。周分封時，便把姜太公分到齊，齊開始建國。姜太公傳到齊桓公時已歷經四百多年，這時的周王室失去往昔的號召力，更沒有力量來保護各諸侯，諸侯國各自發展以求自保。

【管鮑之交】

管仲和鮑叔牙是朋友。兩人合夥做買賣賺到錢分利的時候，管仲總是多拿一些，別人就說管仲貪心太重。鮑叔牙卻說：「管仲家裏困難更需要錢財，多拿一些是合情理的。」鮑叔牙認為管仲很有才幹，讓他幫助出過一些主意，但是很多次都沒有成功，有人說管仲徒有虛名，但鮑叔牙卻說主意不錯，只是運用的時機不當才導致失敗的，並不怨管仲。管仲還曾出征打仗，卻常偷逃回家，別人認為管仲貪生怕死，鮑叔牙卻說管仲是為了侍奉年老的母親而這樣做的。所有這些表現了鮑叔牙對管仲這個人才的愛護。管仲也很感激鮑叔牙，他說：「生我者父母，知我者鮑叔牙也。」兩人成為生死之交。

桓公的前任也就是他哥哥齊襄公死
後，有兩個人都有資格繼承君位，一
位是齊桓公，住在呂國，由鮑叔牙相
伴，一位是另一個弟弟，名叫公子糾
的，住在魯國，由管仲和召忽相伴。
兩人知道襄公的死訊後，都急著趕回
齊國爭奪君位。桓公因為距離近，比
公子糾更快回到齊國就任君位，桓公
即位後，發兵去攔截由魯國軍隊護送
的公子糾，雙方發生一場混戰。公子
糾的謀臣管仲一箭射中桓公，幸好射
中桓公的帶鉤，不過，桓公手下畢竟
兵強馬壯，把護衛公子糾的魯兵打得

↑ 春秋早中期的蟠帶紋馬牌

大敗，並兵臨魯國。齊兵向魯國的人說到，公子糾是我君的親兄
弟，自己不忍下手，由你們殺了吧。公子糾的謀臣管仲和召忽是我
君的仇人，一定要獻出來，交給我君，親自洩憤。魯國人依他們的
話做了，但召忽不願受辱自殺，管仲卻俯首為囚。齊君主帥鮑叔牙
是管仲的好朋友，知道管仲具有政治天才，走到半路就解除了他的
桎梏。回到齊國，鮑叔牙又在桓公面前竭力保舉他。桓公正當用人
之時，並不計較管仲的一箭之仇，重用管仲為相，在管仲的主持
下，齊國的內政、軍政和財政都有重大改革，為齊桓公的霸業築就
了堅實基礎。

齊桓公在「尊王」、「攘夷」兩方面都做得出色。所謂「尊
王」，是齊桓公一直維持周朝的固有秩序，要求諸侯照例向周室納
貢。所謂「攘夷」，就是要幫著其他諸侯國抵抗北方異族和南方楚國
的入侵以及平定諸侯國的內亂。逐漸地，齊桓公形成了自己的威
權，成為支配諸侯的霸主。

↑ 管仲像

當時，如果沒有齊桓公這樣強有力的領導來團結東方諸侯國成為一個大集團，共同抵抗戎狄和南方楚國的進犯，恐怕中原文化就會遭到摧殘，從而中斷自己的發展進程。四百多年後，秦統一中國時，中原文化已浸潤到各個諸侯國，包括秦、楚、越等國家，那時的統一才可以叫做水到渠成，人心所向。

齊桓公霸業的顛峰是他即位後的第三十五年，桓公約魯、衛、宋、鄭、許、曹等國在葵丘（今河南民權縣東北）會盟，相會修好。齊桓公在會盟上發出宣言：「凡我同盟之人，既盟之後，言歸於好」。又申明周天子的禁令：不可壅塞泉水，使鄰國遭受水患；不可見鄰國饑饉而不接濟糧食；不可更換嫡子，立庶為長；不可以妾為妻，不可讓婦人參預國政。葵丘會盟九年後，齊桓公去世，齊國發生內亂，齊國霸業結束。

齊桓公霸業的奠定，離不開一個人，他就是春秋戰國時期僅次

↑ 銜鑣馬牌

於商鞅的改革家管仲。

管仲，名夷吾，穎上（今安徽阜陽東南）人，出身卑微，當過商人，三次求官都被逐，三次去打仗卻都做了逃兵，但此人很有才能，年青時與鮑叔牙一起經商，鮑叔牙深知其才幹。當公子糾在政變中失敗，支持公子糾的管仲被囚禁，鮑叔牙仍全力將管仲推薦給齊桓公。桓公不咎既往，重用原反對他的管仲爲相，充分反映了齊桓公唯才是舉的政治家風範。管仲執政後，進行了一系列的改革。

⬆ **魯大司徒鋪** 高28.3釐米，爲春秋中期器物

首先，在經濟方面，管仲主張大力發展農業、手工業和商業。他認爲「倉廩實而知禮節，衣食足而知榮辱」，「設輕重魚鹽之利，以贍貧窮，祿賢能」。只有先發展經濟，才能鞏固政治和推進文化。在農業方面，他主張實行土地制度和賦稅制度上的改革。所謂「均地分力」，「與民分貨」，「相地而衰徵」，即將井田劃分給耕者，實行分田到戶的個體經營，然後按土地品質和產量，讓農民將收穫的一部分以賦稅形式交給國家。這樣大大提高了農民的生產積極性。他還主張在農時季節不要徵兵打仗，不讓農民服徭役，使農業的正常生產得到保障。管仲的這些措施促進了齊國農業生產的發展。

在手工業方面，管仲設置「工正」、「工師」、「鐵官」、「三服官」等管理手工業的機構，使國家加強對冶銅、製鐵、紡織等手工業管理，並大力發展冶金手工業生產，以先進的青銅器和鐵器來

【耬車】
　　在戰國時期就有了播種機械。中國古代的耬車，就是現代播種機的始祖，因播種幅寬不一，行數不同，一人在前面牽牛拉著耬車，一人在後面手扶耬車播種，一天就能播種一頃地，大大提高了播種效率。漢武帝曾經下令在全國範圍裏推廣這種先進的播種機，還改進了其他耕耘工具，加以提倡代田法，對當時農業生產發展起了推動作用。

⬆ 龍耳尊　高33.2釐米，為春秋早期器物

武裝軍隊和促進農業生產的發展，達到富國強兵的目的。在商業方面，管仲主張設立市場，吸引各地客商，並設立專門的機構管理市場，對市場物價加以監控，以穩定國家的經濟。

　　第二，政治方面，管仲在整頓原有制度的基礎上，對齊國的政治、軍事制度進行了全面改革。在行政上，實行城市和農村分開管理的制度，並將士、農、工、商分開治理，不使他們混居一起，居民更不能自由遷徙，通過這種措施，可以更加嚴密地控制人民，保證人力資源的充分。在軍事上，管仲提倡寄軍令於內政的辦法，使軍政合一，將全國民眾以軍事編制組織起來。規定五家為一軌，每軌設軌長一人；十軌為一里，設司里一人；四里為一連，設連長一人；十連為一鄉，設良人一人。由各級軍官掌管軍令。由五家各出一

»»» 中·外·名·人 »»»

■微子啟
　　（生卒年不詳）商紂王之庶兄，武王滅商後封於宋，以商丘（今屬河南）為都城，統治商的部分遺民。

■薩爾杜里一世
　　（Sardur I，生卒年不詳）烏拉爾圖國（Urartu）（也稱凡湖王國，小亞細亞東部古國）創建者。前八四○—前八三○年征服凡湖一帶廣大地區，自稱「大王」，創立國家。

人，五人爲伍，由軌長率領；十軌爲里，里有五十人，爲一小戎，由司里率領；四里爲連，有兩百人，爲一卒，由連長率領；十連爲鄉，有兩千人，爲一旅，由鄉良人統領；五鄉組成一帥，有一萬人，爲一軍，由五鄉的帥帶領。全國共三軍，分別由桓公及另外兩大臣統帥。每年春、秋兩季以狩獵來訓練軍隊，寓兵於農，寓農於戰。編制訓練完成後，不許自由遷徙，每伍的人「祭祀同福，死喪同恤，禍災共之」，使人與人、家與家之間保持密切聯繫，做到夜裏打仗互相聽到聲音不會混亂，白天打仗面目互相熟悉，便於相互協調救助，達到「居同樂、行同和、死同哀，是故守則固，戰則同強」的目的。這樣嚴密的組織使軍隊的戰鬥力大大提高。爲了製造軍械，管仲還制定了一套用兵器來贖罪的刑法。臣民犯了重罪，可以用一副犀牛皮製的甲和一柄車戟來贖罪；犯了輕罪，可以用鐵來贖罪。又規定打官司要用一束箭作聽審的費用。以此來籌措軍事武器，使齊國兵甲充足。

在外交上，管仲提出「安四鄰」，「擇其淫亂者而先征之」的政策。

由於管仲的一系列改革，使得齊國日益強大，爲齊桓公稱霸奠定了各方面基礎。

被孔子稱爲聖人的周公旦，是武王之弟，建立了禮的制度，他被分封到齊國南方的——魯。今日的山東省曲阜尼山，在春秋戰國時代，就是魯國首都的郊外，也是春秋時代大思想家、教育家孔子的故鄉。

孔子，名丘，字仲尼，西元前五五一年出生在今天山東省曲阜市東南的尼山。他是春秋末期偉大的思想家、教育家、儒家學

↑ 周公旦像

派的創始人，在二千多年漫長的歷史長河中，儒家文化在中國的儒家、道家、佛家三大家中，對中國的文化歷史影響最爲深遠。對中國人人格的鑄造產生了深刻影響，並影響到了東亞和東南亞各國。

↑ 尼山孔廟

雖然孔子創立的儒家學說一直以來被奉爲中國封建社會的正統思想，但是孔子在他生前卻沒有受到過如此之高的禮遇。孔子的一生基本上是在顛沛流離中度過的。

↑ 山東曲阜

孔子是什麼時候出生的呢？按照史書上「十月庚子孔子生」的記錄，換算成現在的西曆，孔子應該出生在西元前五五一年九月八日。孔子的遠祖是宋國貴族，是殷商王室的後裔，孔子的父親名叫叔梁紇，是一名武士，母親叫顏徵在。早年喪父，家境衰落，爲了生活，小時候做過很多粗活，年輕時還曾做過掌管倉庫和放牧牛羊的小官，可是，不管條件多麼艱苦，孔子一直堅持學習。他擅於取法他人，曾經說過「三人行，必有我師焉」。

自幼在魯國的文化氛圍中生活，深受周王朝禮樂制度的影響，孔子在十五歲時產生了一個強烈願望，那就是把研究和弘

⬆ 在山東曲阜舉行的祭孔儀式上的八佾之舞

揚周朝的禮樂文化、典章制度，當做自己一生的目標。在當時，魯國的政權實際上掌握在三個世代爲公卿的家族手中，即孟孫氏、仲孫氏和季孫氏，三家也被稱作三桓。深受周禮影響的孔子認爲，周天子執掌天下大權是最合乎道理的，如果

權力落到諸侯手中就是無道，如果權力再往下移就是加倍的無道，孔子對於當時魯國三桓當政的政治現狀非常不滿。

西元前六九四年，魯桓公去世，桓公長子莊公即位，莊公有三個弟弟，分別爲慶父、叔牙、季友。莊公死後，三個弟弟爭權，季友得勢。季友建議魯君立公孫敖繼承慶父家業，稱孟孫氏，以成（今山東寧陽東北）爲封邑。立叔牙三子公孫茲爲叔孫氏，以（今山東東平東南）爲封邑。而將汶陽（今山東泰安西南）和費（今山東費縣）作爲季友本人的封邑，稱季孫氏。因季孫氏、叔孫氏、孟孫氏均是魯桓公的子孫，所以後人合稱之爲「三桓」。

三桓在魯國的勢力和影響都很大，這種影響由春秋延續到戰國，前後持續了二百五十多年。三桓同宗同族，在對待公室的立場上基本一致。爲維護其專權地位，三家總是勾結在一起，相互支持。正是由於三家密切合作，才得以長期控制魯君與魯國政局。但這並不意味著三桓之間就是「親如兄弟」，其實，自慶父、叔牙、季友起，三桓便是以手足相殘而聞世

⬆ 子作弄鳥尊 高26.5釐米，爲春秋晚期器物

的。季友就曾逼叔牙飲毒自殺，迫慶父懸樑自盡。其後，三家為了各自的政治、經濟利益一直在不斷地爭鬥。

三桓作亂發生於西元前五一七年。慶父、叔牙、季友的八世孫們視魯君如無物，尤其是季孫氏更是對魯昭公極盡侮辱。最終逼走了當時的國君魯昭公，迫使其流亡於齊、晉之間，有國不能歸，有家不能回，客死異鄉。

像「三桓」這樣的世大夫在春秋興盛有其原因。周天子的衰落使得諸侯王的權力得以解放，擺脫了周天子的禁錮，但同時也失去了周天子的保護。諸侯為自立與自強計，不能不加強本國卿大夫的權勢，卿大夫的意見對諸侯國國君相當重要。於是，春秋時各國都形成了卿大夫掌握大權的局面，只是程度各異而已。魯國在卿大夫執政方面比任何國家都走得更遠，形成了所謂的「三桓」專政。

不過「三桓」家族中也確實出現了不少優秀的政治家、軍事家和外交家。應該說正是由於他們的傑出貢獻，才使得「三桓」專政有較好的執政基礎，得到本國人民擁護，贏得其他國家的讚許。

「三桓」在魯國的勢力到戰國初期即由盛轉衰，以至銷聲匿跡。由於史料缺乏，三桓的消亡顯得非常突然，其詳細原因不

【黃帝內經】

現存最早的中醫理論經典著作。《內經》一書非一人一時之作，一般認為本書主要部分形成於春秋戰國時期，並在流傳過程中摻入了一些後人補撰的內容。該書內容豐富，書中從臟腑、經絡、病因、病機、診法、方藥等方面，對人體的生理、病理及疾病的診斷、治療作了較系統的論述，為中醫學的發展奠定了理論基礎。

≫≫≫ 中・外・名・人 ≫≫≫

■宣王

（生卒年不詳）在周公和召公的輔助下，首先整頓內政，安定社會秩序。進而對周邊的民族展開鬥爭。關於此事，史稱「宣王中興」。進行料民（人口普查）。

■希蘭一世

（Hiran I，生卒年不詳）腓尼基城邦推羅（Tyre，現黎巴嫩之蘇爾Sur）統治者（約前一○○○～約前九六○），在位期間大興土木，擴大並加固城市，進兵賽普勒斯，遠征非洲。

得而知。但無論如何,三桓內部的爭鬥應該是衰敗的一個重要原因。

西元前五一七年,三桓作亂驅逐魯昭公後,三桓形成了在魯國專政的局面。「三桓」專政以

⬆ 浮雕紋犧尊 高33.7釐米,為春秋晚期器物

前,三桓各自專注於擴充自己的實力,多親自主持家政、邑政,家臣實力甚微。三桓專魯政以後,三桓注意力轉移至參與國政,他們要考慮如何控制魯君,如何統治魯國,如何處理與其他卿大夫的矛盾,如何處理三桓之間的糾紛等重大問題,家政、邑政自然落入家臣手中。因各種戰爭以及朝、會、聘、盟等外交事務,三桓時常奔走於國外,少則一月,多時半年,有時連本人都會被其他國家扣押為人質達一年、兩年之久,此時,三桓的家臣在封地區域儼然成了「主君」,主持封地內的一切事務,掌握生殺大權。由於家臣政治權力的增加,其經濟實力也迅速上升,家臣地位得以大大提高,其在三桓家族中的地位自然不可小覷。尤其是確定主君繼承人的問題上,家臣起著決定性作用。

家臣實力的增加自然是魯國三桓家臣叛亂不斷的前提條件,此外還有許多現實因素,促使家臣叛亂不斷發生。首先是三桓與魯公室矛盾激化,使得家臣有機可乘,家臣叛亂一般都打著「張公室」的旗號;其次是三桓內部矛盾激化直接導致家臣叛亂;最後,敵國林立的國際環境也為家臣叛亂提供了便利條件。魯國的叛亂家臣大

都逃亡齊國以乞求「政治避難」,除一名叫豎牛的叛亂家臣被殺於逃亡途中外,無一人受到相應的處罰,這無疑也助長了家臣叛亂的囂張氣焰。

西元前五○一年,魯國發生的三桓家臣作亂是多次家臣叛亂中持續時間最長、影響最大的陽虎之亂。陽虎由專權季孫氏家政、邑政,進而「執國命」,權勢凌駕於三桓之上長達三、四年之久,可以說是家臣執政的極盛。陽虎控制季孫氏後,又先後對孟孫氏、叔孫氏發動攻擊,妄圖消滅三桓,達到擴張自己權力的目的。陽虎之亂,殺人無數,害人不淺,也沉重打擊了三桓的勢力。陽虎叛亂失敗後,先逃到齊國,請齊師伐魯,不得許。後逃奔宋國,又由宋國奔到晉國,最後為趙國的簡子收留,成為趙簡子的幕僚。

陽虎之亂後,三桓開始認真考慮如何對付家臣,如任用什麼人治國才更合適、更平穩的問題。

孔子就是在這種社會背景下開始登上魯國的政治舞臺。

西元前五二二

⬆ **龍耳方壺** 高七十四釐米,為春秋中期器物

⊙ 雲紋禁 長一百零七釐米，為春秋中期文物

年，孔子三十歲，這一年對他有特殊的意義，因為三十而立，孔子所說的「立」是指在社會上立身。在孔子看來，生存與立身是不同的，一個人可以靠他的貴族地位生存，也可以靠他的財產生存，靠他的技藝和勞動生存，而所謂立身是指一個人能夠在道德上、在待人處事上、在禮節制度上完全符合社會公認的準則，在當時也就是周禮的要求。孔子說自己已經三十而立，就是認為自己經過多年的學習和思考，在三十歲的時候已經解決了以禮立身的問題。他三十歲時創辦了中國歷史上最早的私立學校，並開始授徒講學，學生多數是貧民，也有貴族，只需交上一束乾肉就算交了學費。顏路、曾典、子路、伯牛、冉有、子貢、顏淵等人就是孔子較早的一批弟子，連魯國大夫孟喜子的兩個兒子也來向孔子學習，可見孔子辦學已是聞名遐邇。私學的創設，打破了當時只有官府才能辦學的傳統，讓更多的普通人接受了教育，進一步促進了學術文化的下移。

西元前五一七年，孔子三十五歲的時候，魯國的政治形勢進一步惡化，三桓與魯昭公的矛盾更加嚴重，這一年三桓作亂，魯昭公被迫流亡國外。在魯召公出走的前後，孔子感到魯國無道，不如到齊國發展，於是帶領弟子

⊙ 孔子授課圖

↑ 孔子周遊列國塑像

來到齊國。齊景公向孔子請教治國的道理，孔子說「君君，臣臣，父父，子子」，意思就是要按照周禮講究君臣之道，父子之道。齊景公對孔子的回答很滿意，很想留他在齊國做官，但是齊國以晏嬰爲首的士大夫們都表示反對，並且，當時齊國的大權也操持在大夫陳氏手中，齊景公雖然對孔子感興趣，但也不得不妥協。因此，孔子覺得他的志向無法在齊國實現，又返回了魯國。

孔子回到魯國後，仍然從事文化教育事業，這一時期，孔子的弟子越來越多，前來求學的人幾乎遍及各個諸侯國。儘管他的影響和聲望都與日俱增，魯國的統治者卻沒有想用他爲官的意思。同時，魯國的政權還掌握在三桓手中，而三桓又受制於其家臣。孔子不滿這種政權不在君王，而在大夫手中的狀況，也不願在這種情況下出來做官。正是在這樣的日子裏，孔子迎接了他四十歲的生日，他說自己是四十不惑，所謂不惑就是指對自己選擇的人生

【一箭之仇】
　　管仲侍奉之主爲齊國公子糾，鮑叔牙侍奉之主爲公子小白。齊襄公被殺後，在外的兩位公子都想回國爭奪王位。管仲爲阻止公子小白，射了小白一箭，沒想到小白並未被射死，而是咬破舌頭矇騙了對方，結果仍舊提前回國當上了君主，這就是歷史上的齊桓公。公子糾被殺，管仲也被押進了囚車。但鮑叔牙極力向公子小白舉薦管仲。齊桓公最終被說服，不計那一箭之仇，重用了管仲，終成春秋一霸。

>>> 中·外·名·人 >>>

■周幽王
　　（生卒年不詳）西周末代君王。他生活糜爛，殘酷剝削人民，劫奪貴族財物，加劇了統治階級內部的矛盾。寵愛妃子褒姒，欲廢申后和太子宜臼。西元前七七一年，申后之父申侯聯合犬戎舉兵攻周。

■阿吉什提一世
　　（Argishtish I, 生卒年不詳）烏拉爾圖國王（約前七八六—前七六四），長期對外作戰，向北擴張，興建大規模水利工程等。其事蹟在今凡城（Van）懸崖壁上的銘刻有記載。

道路有著堅定不移的信念。

　　西元前五〇一年，魯國發生了三桓家臣作亂的情況，叛亂平息後，三桓在叛亂中遭到嚴重打擊，痛定思痛，三桓認識到家臣專政的問題必須解決。因此，三桓希望用沒有土地和人口，只接受俸祿，德才兼備的官僚來代替那些有土有民，無法無天的舊式宗法家臣。三桓將目光轉向了孔子師徒，孔子在五十一歲的時候終於有了出來做官的機會。當年，孔子被任命為一個小城的縣令，一年之後由於魯國國王和三桓

⚫ **秦公鎛**　春秋早期器物。高69.6釐米。是一種大型打擊樂器，西周晚期開始出現，在春秋戰國時期開始流行

⚫ **龜魚紋方盤**　長73.2釐米，為春秋晚期文物

孔子周遊列國圖 1

孔子周遊列國圖 2

對孔子的政績很滿意。於是在第二年，孔子又被任命為擁有一定軍權的司空，隨後很快就再升為擁有一定司法權的大司寇。西元前五○○年，齊魯在加谷會盟，魯國由孔子主持禮儀，孔子認為有文士者必有武備，有武士者必有文備，所以準備了一支較強的衛隊。由於早有防範，使齊軍想用武力劫持魯君的預謀未能得逞，同時，魯國還利用外交手段收回了被齊國侵佔的土地。孔子在這次會盟中，使魯國在強大的齊國面前不失體面，還把被齊國侵佔的土地收了回來，確實立了大功。

儘管如此，孔子在魯國卻得不到重用，這是因為孔子要維護的是周禮，是一種君臣有序的統治秩序，而三桓的理想目標是維持大夫當權的現狀。在很多問題上，孔子的主張均對三桓的利益構成了侵害，這使得孔子與三桓之間的矛盾隨之暴露。魯定公十三年，魯國舉行了祭天的儀式，按慣例，祭祀後要送祭肉給大夫們，卻沒有送給孔子。這表明三桓已不想再任用他了。於是，孔子在不得已的情況下離開魯國，再次到別國去尋找出路，開始了周遊列國的旅程。這一年，孔子五十五歲。

從西元前四九七年到西元前四八四年，孔子先後帶著弟子去了衛國、陳國、楚國等七個諸侯國，但都因為自己的思想和理論不能夠得到採納而一直沒有施展才能的機會。就這樣，在諸侯國間奔走了十四年後，已經六十八歲的孔子，在其弟子冉求的努力下被迎回了魯國，但是仍是被敬而不用。孔子駕車周遊列國之後，回到魯

國，廣招門徒，主要傳授六藝，這六藝是指禮、樂、射、御、書、數，其中「御」是孔子特別強調的一項技能。魯哀公十六年，七十三歲的孔子得了病，不久去世。

孔子的學說，在漢代以後長期被封為正統意識形態，影響了中國兩千多年的文化歷史進程，並深深滲透到社會生活的各個層面。他是位偉大的倫理學家，思想核心是以仁、義、禮、智、信等倫理道德為主的一整套儒家理念，不但提出了重義輕利、重道德自覺的觀點，還提出了學問思辯型的修養方法和君子、仁人、聖人的理想人格和道德目標，奠定了中國傳統倫理學的基本方向和基本原理。

被中國古代封為儒家經典的《論語》，是由孔子的弟子編纂的，其主要內容記錄了孔子曾經說過的話，從中我們可以看出很多有關孔子在倫理道德上的思想觀點。《論語·顏淵》中記載孔子說「己所不欲，勿施於人」，意思即為，自己不喜歡的事情就不要強加在別人頭上。《論語·雍也篇》中記載孔子說「夫仁者，己欲立而立

⊙ 黝鎛 高六十五釐米，為春秋早期器物

人，己欲達而達人」，意思是說，仁愛的道理在於自己要立業，也要幫助他人立業，自己要達到人生的目的，也要幫助他人達到人生的目的。可以說孔子的這些為人處世的道理，至今仍被大家所尊崇。

孔子還是史學家和文獻整理學家。周遊列國返回魯國後，一面教授弟子，一面整理古代文化典籍，據說他工作的主要對象就是被人們稱作六經的《詩》、《書》、《禮》、《樂》、《易》和

《春秋》。自司馬遷以來，人們常說孔子刪詩書，定禮樂，但是經過仔細考察，證據似乎並不充分。對於詩書，他很可能只是編輯整理，而不是刪節。至於《禮》，在孔子時代還不存在，《周禮》、《禮記》是戰國和秦漢時期的儒家所著，而《樂》早已失傳，它與孔子的關係已無法考證。至於《易》，孔子四十幾歲就已經深入研讀過，晚年更是愛不釋手，反覆閱讀，以至於連貫《易經》竹簡的皮繩斷了多次——韋編三絕，後世人將孔子研究《易經》的體會寫進了《易傳》。六經中《春秋》的情況與其他都不同，它的確是孔子所著，在當時各諸侯國都有自己的歷史著作，而孔子的《春秋》是以魯國的歷史為主線，同時還兼顧了各諸侯國的大事，它是中國春秋時代的一部編年史，而不僅僅是魯國的歷史。孔子作為一名史學家和文獻整理學家，將古代的書籍和典章制度，從官府中下移到了民間，對於他們的保留和傳播產生了重要作用。

孔子也是偉大的教育家，孔子的教育思想自成一體，十分豐富，最根本的一點就是教書育人，他把教育與修身緊密相連，使人能通過教育得以成人，所以德育總是被他放在第一位。他提倡學而時習之，提倡溫故而知新，注重因材施教，講究教育方法，提倡有教無類。他還非常重視綜合素質的培養，據說孔子的三千名弟子中，精通六藝的人竟有七十二位。他打破了學在官府的舊傳統，開創了私人講學的新風氣，對於文化的下移和普及產生了重大作用。孔子通過教育，把歷史文化知識和儒家思想傳播到了各地各階層，對於日後戰國時代諸子百家的興起和學

>>> 天·工·開·物 >>>

【東周鐵製農具】

據文獻記載，東周時期鐵製農具已多有使用。《國語·齊語》記載了管仲對齊桓公的話：「美金以鑄劍戟，試諸狗馬；惡金以鑄鉏、夷、斤、欘，試諸壤土。」美金指青銅，惡金指鐵。惡金所鑄的鉏，即鋤；夷，即削草平地的鋤類；斤，形似鋤而小，主要為砍木平木工具；欘即钁，是掘土工具。考古發掘提供了大量確鑿的實物證據。目前所知，至少在河南、河北、山東、山西、陝西、廣東、廣西、貴州、雲南等二十二個省和自治區一百四十餘個地點出土過鐵製農具，種類有耒、鍤、鋤、钁、鐮、犁等。

術繁榮，做出了巨大貢獻。經濟、法律、政治、社會、美學、邏輯乃至軍事領域，他也都有自己獨到的貢獻。「不患人知不己知，患不知人也」，是孔子自戒的格言，值得慶幸的是，他的教誨被眾多的弟子所繼承，相傳至今。孔子所憧憬的理想雖未真正實現，卻影響深遠，植入中國文化的根脈。紛亂綺麗的戰國時代，令一切思想有了發生、發展的可能性。儒學無疑是集大成的，後來者不斷加以詮釋變化，這個過程幾乎貫穿了整個古代社會。

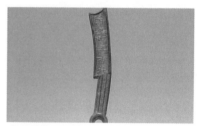
↑ 齊國使用的刀錢

↑ 晉國使用的布錢

山東省曲阜，是孔子的家鄉，每年的孔子誕生紀念日都要舉行祭孔儀式，千年之後，他的威望轉換成人們的某些日常觀念與紀念形式。

↑ 盛放糧食的青銅器物

自秦朝滅亡，至漢武帝的時代，孔子的思想作為國家的思想支柱獲得了空前的重視。在祭祀孔子時表演的八佾（藝）之舞，原本是歌頌滅商的周武王，為武王表演的舞蹈，在漫長的文化歷史演進過程中，逐漸成為祭獻給崇尚周禮的孔子的舞蹈了。

以後，孔子的思想不僅成為國家統治的精神支柱，而且成為東方主流文化意識的代表。西元前一世紀，儒家學說傳入朝鮮、越南，便成為其正統思想。儒家學說的這種思想，對朝鮮、越南、日

本等國的封建化過程，及其民族
文化的形成和發展，產生了積極
的推動作用。孔子思想作爲歷史
的產物，在相當長的時期內，對
中國社會乃至世界上其他一些國
家的歷史都產生了十分積極的進
步影響，用歷史的眼光來看，他
的功績是主要的。

↑ 銅綠山出土的銅餅

　遵循禮治的周王朝，無可
避免地迎來了紛爭的時代。一方
面其他民族不斷侵入周的領土；
另一方面，連接周王與諸侯的紐
帶，隨著時間的流逝越來越淡
薄，各個諸侯國不斷增強自己的
實力，開始了相互間的爭鬥。西
元前七七○年，周王朝受到了諸
侯與少數民族的聯合攻擊，將首
都遷到了洛陽，史稱東周。而周
代，確是文化全面發萌的契機，

↑ 散氏盤

↑ 山西省侯馬市發掘的大規模青銅器鑄造工廠
遺址

在不斷紛爭離合之中，青銅器記錄了這段斑斕歲月。

　銅綠山，是自周代開始一直被開採的銅礦山之一。春秋戰國時
代，銅綠山號稱擁有中國最大的銅生產量。與食鹽一樣，作爲青銅
器原料的銅也在各諸侯國範圍內開始流通。在銅綠山，考古發現了
六十三座春秋戰國時代的礦井和八個冶煉用爐。長六十米，寬約一
米的狹窄的礦井，像田埂一樣在地下延伸。形狀和重量完全相同的
銅餅（直徑二十釐米，重約三百五十克）出土了十個，這種銅餅在
其他地區也出土過。根據這一現象推斷，銅餅有可能是中國古代貨

幣的雛形。

　　貨幣終於登場了，因地域不同而形狀各異。刀錢，長約十八釐米，表面鑄有「節墨之化」的字樣，是齊國的錢幣。布錢，模仿的是農具的形狀，是晉國使用的貨幣。

　　一九六○年，在山西省侯馬市發掘了春秋戰國時代大規模的青銅器鑄造工廠遺址。在南北長五百米、東西長七百米的範圍內，發現了八個車間，工廠的遺址中共出土了三萬件青銅鑄模和鑄範。在這個工廠內，工人們分工明確，流水作業，使形狀複雜的青銅器物得以大量生產。其中有鼎和編鐘的鑄模和鑄範，各個部分的模和範表明已經使用分範合鑄的技術。進一步調查表明，此處生產的青銅器在河南省等較遠的地方也有過出土，這說明青銅器作為商品已經被大量生產，並在廣大的範圍內流通。北京故宮博物院藏有珍品——「蓮鶴方壺」，在十分少見的蓮花座上站立著展翅欲飛的仙鶴，即使到了現在，仍然能夠使人充分感受到它的動感。這隻仙鶴是通過分別鑄造各個部分後拼合而成的。

　　從商代開始的青銅器製造業，到了春秋戰國時代，又一次繁榮起來，迎來了第二個黃金時代。與表現神的恐怖的商代青銅器不同，這時的器型具有親切、溫和的特徵。有的鼎上銘文有五百個字，上面鑄有周王對重臣毛公說的話，周王對國家的動亂深表哀歎，指示毛公恢復禮治——司馬遷在《史記》中形容這個時代禮治敗壞，下人僭越。「散氏盤」，刻有銘文三百五十七字，它的內容是國與國之間土地爭奪的經過和土地

⬆ 吳王夫差鑒　高四十五釐米，春秋晚期器物。鑒是古人使用的一種大型盛水器

↑ 宴樂－魚獵－攻佔圖壺

↑ 宴樂－魚獵－攻佔圖壺上的圖案

界限的劃分。盤本來是盛水的容器，但散氏盤卻是作為國與國之間重要的協議書而被鑄造的。

進入春秋戰國時代以後，諸侯加緊了對國家周圍荒地的開墾，其結果是使國與國之間因土地糾紛而發生的戰爭越來越頻繁，青銅器上也有所反映。現存「宴樂－魚獵－攻佔圖壺」，使用在青銅上嵌入紅銅的鑲嵌技法，描繪了戰國時代水上和陸上的戰爭場面：

在河上乘戰船的戰鬥畫面中，可以看到在水中向戰船進攻的士兵的身姿。也有城牆上的攻防戰，描繪的是步兵的戰鬥，沒有戰車。

在戰國時代，戰爭的形式發生了很大變化，徵兵成了很普遍的現象。戰爭的形式已經從乘坐戰車的貴族之間的戰爭發展成為由農民參加的以步兵為主的戰爭。

↑ 攻吳季生匜 高十九釐米，為春秋晚期物物

在春秋戰國的激烈動盪中，周王朝的禮治遭到破壞，成為殺戮的世界。據當時的資料記載，被殺的諸侯就有三十四人之多。二百多個諸侯國在反覆的戰爭和兼併中，最終演變成為七個大國，他們分別是

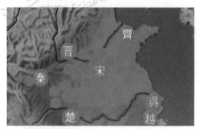

↑ 戰國七雄地圖

↑ 頌壺 通高六十三釐米，橢方體，獸首銜環耳，蓋鈕和圈足飾鱗紋，蓋緣飾獸目交連紋，頸飾波曲紋，腹飾雙體交龍。

↑ 山西省侯馬市發掘的鼎和編鐘的鑄模和鑄範1

↑ 山西省侯馬市發掘的鼎和編鐘的鑄模和鑄範2

晉、宋、楚、秦、吳、越、齊，最初成為大國的是齊國。

齊長城，比秦始皇時期開始修築萬里長城還早大約二百年。萬里長城是抵禦北方民族入侵的工事，但齊長城卻是建在國家的南面，實際上它是對南方宋國的防禦。諸侯國都在建長城，諸侯們意識到了保衛國土的重要性。

故宮博物院保存著當時的一件武器——「十六年喜令壯戈」。這是乘在戰車上的士兵使用過的青銅武器——戈，是裝在槍的前端使用的，左右兩面都可以當做武器使用。有一把長度為五十三釐米的青銅劍，出土於山西省，但從文字的特徵上看，應該是在南方製作的，從刃部的破損情況看，這把劍曾經用於實戰。

到了春秋戰國時代，作為武器的劍已經普及，傳說中著名的越王劍，為吳越之爭而聞名的越王所喜愛。越國因盛產名劍而著名，南方的吳國和越國之所以勢力能夠擴張的一個原因，據說是因為擁有高超的造劍技術。越王

↑ 越王劍劍柄槽底

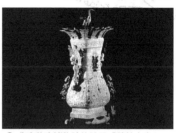

↑ 北京故宮博物院的珍品「蓮鶴方壺」

↑ 北京故宮博物院的珍品「蓮鶴方壺」上部

↑ 北京故宮博物院的珍品「蓮鶴方壺」細部

劍在學術上也極富研究價值，一九六五年，這把傳說中的神賜之劍在湖北出土，古劍歷經千年仍保存完好。劍的正面用藍色琉璃，背面用綠松石鑲嵌成美麗的幾何紋飾。劍刃很薄，鋒利異常，輕易就可以劃破十幾層紙，世所驚歎。寶劍的劍柄，裝飾了同心圓結構，由厚度不到一毫米，間距僅0.3至1.2毫米不等的多圈薄壁凸稜組成，十分規整。在同心圓的槽底，極細突起的繩紋清晰可見。這柄越王勾踐劍的表面，布滿亮黑色的菱形暗格花紋，擦拭不去，打磨不掉，顯見不是普通工藝鑄造而成，這些美麗花紋的身世更顯得神秘莫測。經過後人的屢次試驗，證明這就是今天人們熟悉的鍍工藝雛形。在諸侯爭霸的滾滾硝煙中，這把凝結了無數能

>>>中·外·名·人<<<

■伯夷、叔齊
　（生卒年不詳）武王興兵伐紂，二人在路旁叩馬而諫，武王手下欲動武，被姜太公制止。武王克商後，天下宗周。伯夷、叔齊恥食周粟，遂餓死於首陽山。

■赫西奧德
　（Hesiod，約前七五〇—約前七〇〇）希臘詩人，出生於希臘中部的彼奧提亞，有《神譜》和《田功農時》等詩篇傳世。

越王劍劍身

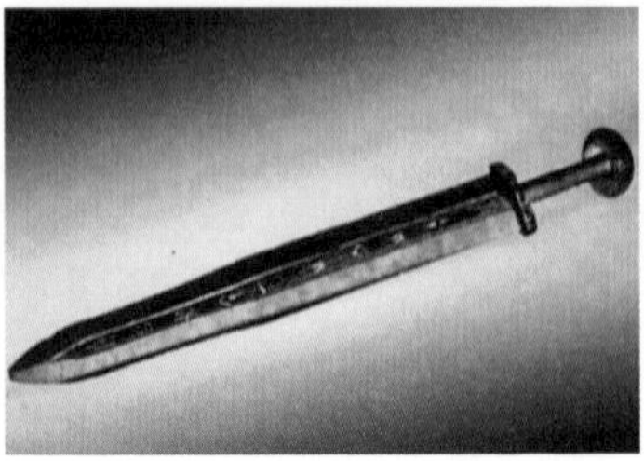

出土於山西省長度為五十三釐米的青銅劍

專諸刺王僚圖

齊故城桓公台遺址

工巧匠智慧和汗水的絕世寶劍，伴隨它的主人南征北戰，書寫了一幕壯闊的歷史。

西元前五一五年，公子光利用收買的殺手專諸，趁一次宴會的機會刺殺了吳王僚，奪取了王位，號爲闔閭。一開始就留下「魚腹藏劍」故事的吳國君主闔閭，在以後的擴張征戰中得到了著名軍事家伍子胥和孫武的幫助。

蘇州古城自古以來就有人間天堂的美稱，但是人們不一定都知道這座天堂的創建者，是從楚國逃難來到吳國的伍子胥。靠政變上台的闔閭奪位後，重用了這位曾幫他出謀劃策的楚國將軍，而伍子胥當上宰相後做的第一件

蘇州盤門遺址 盤門位於蘇州古城區的西南隅，地處水陸要衝，京杭大運河環抱城垣，自北而南繞城而過，然後折向東去；從盤門登舟，沿運河溯河北上，至胥江口，折而往西，即可抵達太湖；往南可達江浙咽喉要地吳江松陵、平望等鎮。陸道縱橫交叉，四通八達。它是出入蘇州古城西南的交通要道和重要屏障

事，就是率領國人修築了闔閭大城，當地人至今戲稱他是蘇州城第一任城建部長。經過兩千五百多年漫長的歷史演變，至今蘇州城的位置和規模都沒有大的變動，說明當初建造者勘察選定的城址和修建規模是恰到好處的。在當時條件下，修城築牆幾乎是保衛國家的唯一方法，這就要求城牆的設計與建造不僅要固若金湯，還要考慮地形、地勢的特點，還要保證交通便利、順暢，同時又利於觀察水情、敵情，以滿足防守禦敵的需要。周長為四十七里的闔閭大城，有水陸城門各八座，這是根據南方水網地區的特點而設計建造的。據說其中朝向東南方向的大門，當初的名字叫盤門，因為門上刻有盤龍，相傳當時吳國的主要對手越王屬蛇，按中國龍克蛇的傳統說法，伍子胥就在朝向越國方向的城門上刻上了盤龍，後因此門水路縈迴曲折，改稱盤門。

為成就霸業，也為報父兄之仇，吳王闔閭、吳大夫伍子胥把擴張征戰的矛頭直接指向了吳地以西的楚國。楚國是先秦時代一個有近千年歷史的古國，氣候溫暖濕潤，文化發達，有著突出的南方地域色彩，與中原文化形成了鮮明對照。但楚國也是一個典型的擴張進攻型國家。西元前六一三年，楚莊王繼位後，開拓疆域，掃

【臿】

《釋名》：「臿，插也，插地起土也」。目前發現最早的臿是商代的青銅臿，多為凹字形。春秋時期的臿有平刃、弧刃、尖刃多種形式。臿沿用的時間很長，至今在一些偏僻的地區仍在使用。如江西奉新縣、湖南桃源縣農村現在使用的一些鐵鍬，還保存著古代臿的原形。

»»» 中·外·名·人 »»»

■褒姒

（生卒年不詳）幽王寵妃。幽王伐褒，褒人送褒姒於幽王，得到幽王寵愛。為博褒姒笑，幽王數舉驪山烽火。後幽王被犬戎殺死，褒姒被掠走。

■荷馬

（Hmros，約前九—前八世紀）古希臘詩人、盲歌者。相傳著有史詩《伊里亞德》和《奧德賽》，反映了前十一世紀到前九世紀時期，故此時期習稱「荷馬時代」。

↑ 十六年喜令壯戈

↑ 越王劍劍柄正面

↑ 越王劍劍柄背面

↑ 越王劍劍尖

滅諸侯，直至問鼎中原，「一飛沖天，一鳴驚人」，將原來不過五十平方公里的國土，擴張至五千平方公里，使楚國成為春秋時土地最為廣闊、經濟實力雄厚、人口眾多的南方大國。楚國還有豐富的礦產資源與發達的冶煉製造技術。具有龐大生產規模的銅綠山，實際上就坐落在當時的楚地，在連年不斷的征戰中，充當著楚國最大的戰略物資銅的生產和冶煉基地，從春秋晚期一直開採到戰國時期。有記載說，春秋戰國時代百分之九十以上的銅產於楚國。據專家根據遺留的冶煉銅渣計算，當時僅銅綠山一地至少煉出了三十萬噸銅。銅的生產和冶煉，有力地支持了楚國的擴張。

此時，齊國政局動盪，志向遠大的青年軍事家孫武，已經無法在他祖父原本富足的莊園裏平靜地過那種與世無爭的恬淡生活。為避內亂，也為了實現自己的宏遠胸襟，他做出了一生中的重大抉擇，即遠走處於中國南部地區的吳國，來實現他的英雄之夢。大約在西元前五一七年左右，二十歲的孫武告別父母之邦齊

國，長途跋涉，投奔吳國而去。來到吳國，孫武很快就和伍子胥成爲知交，伍子胥把孫武推薦給吳王闔閭。此時的闔閭，正在革新圖強，爭圖霸業。爲完成爭霸天下的宏偉大業，他選賢任能，廣攬人才，伍子胥適時地向他推薦了年輕卻從未經歷過實戰的孫武。孫武攜兵法十三篇進宮拜見了吳王之後，相見恨晚的吳王卻給孫武出了一個眞正的難題，那就是帶出一支訓練有素、紀律嚴明、武器精良、物資充足的善戰的軍隊，以對抗並進而吞併強大的楚國。

於是，謀略、膽識過人的孫武，要想運籌帷幄、樹立威信、統領千軍萬馬，在情勢面前必須有所決斷。孫武在練兵場上，當著吳王的面，演出了一場「教戰斬美姬」的悲喜劇。倔強的孫武終於獲得了吳王的信任，樹立起治軍的威信。充滿了戲劇色彩的「孫子斬

↑ 孫子像

↑ 孫子斬姬

姬」的故事流傳了二千五百年，司馬遷用十五年寫成的《史記》中記載了那兩名宮女的遭遇，同時把這種極端的治軍方式歸結爲孫武的指揮才能，「將在外，君命有所不受」，也因此成爲日後不少將軍當機立斷的理論依據。爲區區演兵而失去兩名愛姬的吳王盛怒之餘卻沒有失去理智，他終於認定孫子正是自己夢寐以求的統帥人才。於是，孫子被破格任命爲將軍，擔當起國家重任。滿腔宏願、抱負遠大的孫武終於把握住了命運的機遇，登上了歷史舞臺，從此揭開了自己生命中輝煌的一頁。在古人稱爲立德、

立功、立言的人生三不朽的偉業上邁出了至關重要的一步。

而二千多年前的楚國，不僅是偉大詩人屈原魂牽夢縈的地方，也是一代名將伍子胥的傷心之地。伍子胥的父親和兄長同遭奸臣誣陷，被昏庸的楚平王殺害。伍子胥同孫武一樣，出生將帥之門，楚國特有的軍事文化在他身上打下了深深的烙印。

伍子胥，名員，楚國人。子胥的父親名伍奢，哥哥伍尚。其先人伍舉是先朝較有名氣的官員，因而伍家在楚國有名氣。伍奢是楚太子建的老師。太子建到了成婚的年紀，父親楚平王派太子的另一位老師費無極到秦國為太子建相親。秦女貌若天仙，費無極回到楚國，勸說平王自己接納秦女，為太子另娶媳婦。平王聽從了這個意見。費無極用這種方式討好平王並留在平王身邊做事。費無極害怕平王死後太子建將繼承王位，對自己會不利，便設法陷害太子。費無極不斷向平王進讒言，說太子因為秦女的緣故，對王心懷怨恨，

↑ 蘇州虎丘孫武子亭

↑ 伍子胥像

還說太子建準備作亂奪取王位。平王因此事詢問伍奢。伍奢知道費無極在其中挑撥離間，就說：「王為什麼為讒賊小臣之言而疏遠自己的親骨肉？」費無極知道這話後，對伍奢心生怨恨，於是設計陷害伍奢。平王聽信費無極，把伍奢囚禁起來。費無極又進一步對平王說：「伍奢有兩個兒子，都很賢明能幹，不殺他倆，將會成為楚國的憂患。可以把伍奢作為人質召他們過來。」平王

派使者對伍奢說：「你的兩個兒子能來自首，我就不殺你」。伍奢說：「我有兩個兒子，長子為人慈和仁信，若我叫他，他會來的。但我的小兒子固執剛強，能成大事業，他看到自首了也會被殺，就絕不會來。」果不出伍奢所料，伍尚願為見父親一面而捨身赴死，伍子胥卻為報父兄之仇遠走異國，逃到了吳國。等待時機東山再起。

吳國當時存在爭奪君位的鬥爭，闔閭奪位成功，開始重用伍子胥。子胥所做的第一件事就是修築吳都姑蘇的城牆，分內城和外城，內城周遭十里，外城周遭四十七里，是當時一座很大的城市。在伍子胥的鼓動、策劃下，吳國準備進攻楚國。伍子胥前後用了四年時間攻下楚國，並進入楚國國都郢。伍子胥為報家仇竟掘楚平王墓，用鞭子抽打楚平王的屍體以洩家恨。楚國在伍子胥和孫武的聯合打擊下，感到害怕，把國都郢向北遠遷到今天的湖北宜城縣東南，遠離吳國的兵鋒。史稱：「當是時，吳以伍子胥、孫武之謀，破強楚，北威齊、晉，南服越人。」可以說，伍子胥在吳的功業達到了頂點。

雖然伍子胥取得了成功，但他的結局卻是悲劇性的。闔閭死後，他的兒子夫差接替王位。夫差雄心萬丈，他打敗越王勾踐，卻留而不殺，子胥勸說夫差：勾踐是個能人，加上有范蠡、文種這班良臣，不殺勾踐將會養虎為患，吳國終將為他們所滅。但由於越國派人在吳國上下活動，不殺勾踐的意見佔了上風。夫差也認為越國是小國，這次幾近滅國的打擊將使越國一蹶不振，不足以為患。然後夫差一心一意向中原發展，與齊

>>> 歷·史·典·故 >>>

【尊王攘夷】

這是管仲為齊桓公制定的策略，即尊重周朝王室的崇高地位，維護周天子的領袖聲名，聯合各諸侯國共同抵禦戎、蠻各部落。齊桓公打著尊王攘夷的旗號對各諸侯發號施令，終成霸主。

國、晉國爭鋒。西元前四八四年，吳大敗齊軍，俘虜了很多人，繳獲了很多戰利品。越王勾踐為此專門到吳慶祝他們的輝煌勝利。吳國舉朝上下歡天喜地。唯有子胥心情沉重。他認為齊、晉離吳國這麼遠，獲得勝利又能怎樣，而越國就在臥榻之側，隨時也可以進攻吳國，令吳國防不勝防。真正的威脅是越王勾踐。伍子胥見夫差仍然沒有警惕越王勾踐，就把自己兒子送到齊國以避越禍。

● 吳王夫差矛
長29.5釐米，一九八三年湖北江陵馬山出土

伍子胥沒完沒了的勸諫，令夫差越來越厭煩。加上有人在夫差耳邊說子胥的壞話，他就對子胥越發不滿。他伐齊得勝回國後，知道子胥寄子齊國，立即以私通敵國的罪名，賜子胥自盡。子胥死後，被吳王下令拋屍江中，葬身魚腹。事實證明子胥預見的正確性，越王勾踐果真率兵滅了吳國，殺了吳王夫差。

↑ 湖北監利縣伍子胥像

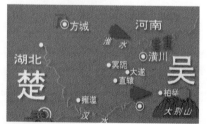

↑ 吳楚柏舉之戰地圖

逃到吳國的伍子胥，得到孫武的幫助，率兵攻入楚國。傳說中他為報父仇，曾掘墓鞭打了楚平王的屍體，因伍子胥曾是楚平王手下的將軍，便有了兩千多年來關於伍子胥忠孝難以兩全的歷史評說。史書記載他勇於策謀，韜略出眾，並有專門的軍事著作傳世。當年來自北方齊國的孫武和離開南方楚國的伍子胥，

在吳國水鄉的不期而遇，無疑為孫武後來的兵書平添了許多南方兵學的精髓，因此有專家認為，當年這兩位軍事家的交往是中國古代軍事思想發展史上南北兵學的一個重要的結合點。

經過六年的準備，吳國國力大增，從物質上具備了進行戰爭的條件。在孫武等人「翦除羽翼、疲楚誤楚」的高明策略指導下，給予楚國沉重的打擊，初步控制了吳楚必爭的江淮流域的豫章地區，使吳國基本完成了攻打楚國的戰略部署。

但兩千多年的悠悠歲月，沖淡了兩位軍事奇才關鍵的聚會，但他們充滿智慧的軍事策劃成果，或許就是這一場著名的伐楚之戰。柏舉，如果不是因為當年吳國軍隊在這裡同楚軍進行了一場生死決戰，恐怕沒有多少人會記得這個名字。當時從蘇州起兵的吳國軍隊，經過千里奔襲，到達了離楚國首都郢都僅一江之隔的漢水江邊。措手不及的楚軍慌忙晝夜趕到漢水，與吳軍隔江對峙，楚軍一名將領提出先派人馬繞到吳軍後面燒掉戰船，切斷吳軍的退路。這一招對外線作戰的吳軍威脅很大，但楚軍統帥囊瓦，出於貪立戰功的心理，不等另一路楚軍完成迂迴包抄行動，即率軍倉促渡過漢水，進攻吳軍。孫武見楚軍主動出擊，當即命令吳軍佯裝敗退，一退就是上百公里，在大別山脈腳下的柏舉列陣迎敵。

西元前五〇五年十一月十九日，這片廣闊的丘陵錦旗飄揚，戰鼓動地，自商紂以來，規模最大、最富有傳奇色彩的柏舉之戰開始了。被大別山脈阻擋已沒有退路的吳軍，如同絕望的困獸，咆哮著撲向追殺而來的楚軍，這是一場天昏地暗的惡戰。只有三萬人的吳軍擊敗了二十萬之眾的楚軍，再次創造了以少勝多的奇蹟，孫武在他的兵書中稱這種作戰方式為「投之亡地然後存，陷之死地然後生」。

漢水是當年吳軍進攻楚國郢都的最後一道防線，但是它沒有擋住孫武的鋒芒，楚國最後一名將軍沈尹戍率部拼死抵抗，也不能阻

⬆ **越王勾踐劍** 長55.7釐米，一九六五年湖北江陵望山出土

擋勢如破竹的吳軍，兩強相遇勇者勝，楚軍將領沈尹戍最終戰死在國都的門前。僅用十天時間，吳軍五戰五捷，兵臨郢都城下。吳楚之爭，以吳的勝利而告終。

後來，吳國又發動了對越國的戰爭。中國古代四大美女之一的西施，原是在吳越戰爭中做了俘虜的越王勾踐貢獻給吳國後繼國王夫差的禮物，勾踐自己也做了夫差的馬夫，然而這一切都是一個陰謀。實際上吳國最後的災難也並非都來自於西施這位女子，早在越王勾踐被吳王抓來服苦役時，吳國大將伍子胥就勸吳王不要留下後患。而吳王卻被勾踐那種俯首帖耳的假象所迷惑，非但不殺還放虎歸山。伍子胥的忠言反而引起了夫差的反感，那種和諧的君臣關係開始破裂了。

西元前四八二年，吳王夫差率領身穿紅、黑、白三色軍裝的大軍在這裏擺下了三個方陣，如火如荼的三萬軍人齊聲吶喊，使前來會盟的一些中小諸侯國君看得膽戰心驚，就連中原大國的晉國王君也被吳軍的氣焰所嚇倒。就在夫差取得霸主地位的同時，從國內傳來了十萬火急的軍情，原來曾被吳王囚禁了十年的越王勾踐臥薪嘗膽，回國後重整河山，發誓復仇。這次趁吳國後方

⬆ 西施像與蘇州虎丘塔

⬆ 河南封丘縣黃池會盟遺址

↑ 河北易縣發現的燕國遺址中嵌箭頭的頭蓋骨

空虛，突然襲擊，俘虜了吳國的太子王孫，並佔領了吳國的都城，剛剛取得霸主地位的夫差不得不在他的姑蘇城下和他以前的馬夫勾踐簽訂了羞辱的盟約。

實際上，越王句踐早就趁吳王夫差千里北上會盟之際，圖謀攻打吳國。爭奪霸主地位之前，伍子胥就勸阻過夫差，告誡他說真正的敵人是近鄰越國，不殺句踐，吳國遲早要滅亡，夫差勃然大怒，當即賜伍子胥一把劍，令他自盡。伍子胥臨終前讓人挖下他的雙眼，掛在吳國的東門之上，他要親眼看到越國滅亡吳國的那一天。吳王最寵愛的將軍孫武目睹了這悲慘的一幕。

← 嵌綠松石的短劍　長30.5釐米，一九五五年河北懷來大古城出土

大概也就在那個時期，孫武從此銷聲匿跡，飄然而去了。

春秋早期的戰爭，能夠動員的人數只是在一萬人左右，戰國時期卻增加了幾十倍。在此時代，戰國七雄展開了連續不斷的關係到生死存亡的激戰。一九九五年，在河北省易縣，發掘了戰國七雄之一的燕國遺址。在遺址中發現了大量的頭骨，出土的數量大約有三百個，周圍掩埋的頭骨估計在一萬個以上。嵌有箭頭的頭蓋骨，是戰爭的犧牲者。研究者以為，這個遺址中埋葬的是戰死者。以《詩經》記錄的當時民謠裡可以聽到為躲避戰爭集體逃亡的農民們的真實呼喊：「誓將去汝，適彼樂土，樂土樂土，爰得我所！」

<4> 諸子百家、群星璀璨

戰國時代，並非只是烽煙四起的爭奪，也是各國生產力和經濟

實力的總較量，各國的君主們為了富國強兵，努力尋找理想的治國方法。回答這些要求的就是周遊各國的思想家們，他們擁有各種各樣的主張，被稱之為「諸子百家」。

⬆ 齊國都城的想像圖 稷門

⬆ 齊國都城的想像圖 思想家們的住宅 1

⬆ 齊國都城的想像圖 思想家們的住宅 2

　　許多現代學者在談及中國傳統文化的精采篇章時，都要追溯到那個百家爭鳴的年代，當時各國各學派的學者紛紛雲集齊國的稷下，著書立說，並展開了唇槍舌戰的大爭辯，在這種寬鬆自由的學術氣氛中，各家之說相滅相生，相反相成，以至於有學者在形容當年的諸子百家的思想大聚會給社會帶來的變革時說，那種社會進步的衝動和思辨能力如此驚人，如同嬰兒一夜之間長大成人，像孔子、老子、莊子、墨子等都是這個時代的理論巨人。至今專家們仍認為是他們的《論語》、《道德經》等幾部大作，奠定了中國傳統文化的基礎。

　　在齊國都城的想像圖中，稷門在宮殿的南面，稷門附近曾有思想家們居住過的一些建築物。齊國為了不讓其他國家招走這些思想家，給予他們寬敞的住房和貴族般的招待。孟子等思想家們在這裏切磋理論，一旦君主召喚，就會進入宮廷，直接向君主們闡述治國方略，思想家們在此不斷探索什麼是理想的社會。

　　孔子誕生於擁有古老傳統的魯國，他當作理想的

↑ 鳥鈕雷紋高足鼎 高16.3釐米，戰國早期器物

治國方案是周的禮治。對周代秩序的憧憬，在孔子倡導的儒家學說中結出了果實。態度更爲現實的晏子在齊國曾主政一時，他的觀點就與孔子不同。記錄晏子思想的竹簡中，晏子闡述了君主治國的理想，即賢君之治國——主張賢明的君主，必須考慮國家利益，任用賢人，倡導國家的利益必須與君主的個人私利分開，無論怎樣，國家的利益必須優先。晏子的觀點透露出在戰亂之中，新的政治思想已經誕生。

↑ **錯金銀雲紋鼎**
高十四釐米，爲戰國中期器物

孟子據說誕生於沒落的貴族家庭，曾是孔子門生的孟子倡導仁政的思想，宣傳和發展了孔子的思想。和孟子同爲孔子門生的荀子倡導人之初性本惡，必須按照禮來建立社會的規範。曾任過「漆園吏」的莊子繼承了老子的思想，提倡無欲而自然的生活態度。經歷和事蹟都基本上是個謎的鬼谷子住在齊國的首都，倡導外交交涉方法中的縱橫之術。

↑ **孫子像**

↑ **晏子像**

曾任吳國將軍的孫子留下了許多關於兵法的闡述，他的兵法對後世有極大的影響。

孫武有兵書傳世，後人稱作《孫子兵法》。這本書相當系統地表述了孫武的軍事思想，是中國現存最古老的兵書。孫武是一個爲吳王服務的職業軍事家。他重視戰爭對社會的影響，重視戰爭給民衆帶來的危害，重視戰爭規律的研究。他說：「兵者，國之大事，死生之地，存亡之道，不可不察也。」他認爲解決敵對勢力間的矛盾，戰爭並不是最好的方法，「不戰而屈人之兵」才是最好的辦法。孫武的戰略思想主要內容有以下幾點：一是戰爭的良好政治環境，孫武稱之爲「道」。道的作用就是要得到民衆的擁護，得到民衆擁護就「可以與之死，可以與之生，而不畏死」，上下齊心，形成堅強的戰鬥意志，爲制敵取勝取得了重大的精神力量。

二是戰爭與將帥的素質。對於將帥的素質，孫武提出「智、信、仁、勇、嚴」五個字的要求。智是智力的運用。在備戰及戰爭進行中，會遇到各種複雜情況和各種臨時的變化，將帥需有事前的周密考慮。在有利條件下考慮到不利因素，則任務可以順利完成。在不利條件下要考慮到有利因素，則禍患可以解除。這些都須智力發揮作用，作出抉擇。信和勇，孫武沒有過多闡釋。孫武把

↑ 荀子像

↑ 韓非子的著作

>>> 天·工·開·物 >>>

【分鑄技術】

　　東周時出現的一種鑄造技術。從各地出土的銅器及山西侯馬鑄銅遺址出土的陶範考察，當時除採用渾鑄法外，已廣泛採用分鑄技術，即將器物的耳、足、環等附件鑄好之後，嵌在主體範中，然後灌注銅液，讓器身和附件熔鑄在一起。也有先將主體和附件分別鑄好，然後再用合金焊接。

仁和嚴看作治軍必要的互相配合的兩方面。良將對士兵既要體恤，又要嚴格要求。

孫武強調對敵我軍情的掌握，留下「知己知彼」的名言。孫武所謂「知己知彼」都不是簡單地專指敵方或我方說的，而是把敵方和我方聯繫起來說的。而且，知己知彼還聯繫到戰區的地形和作戰時遇到的天氣。毛澤東很讚賞孫武「知己知彼」的論

⬆ 龍紋豆 高26.5釐米，為戰國早期器物

點，他說：「有一種人，明於知己，暗於知彼，又有一種人，明於知彼，暗於知己。他們都不能解決戰爭規律的學習和使用問題。中國古代大軍事家孫武『知己知彼，百戰不殆』這句話，是包括學習和使用兩個階段而說的，包括從認識客觀實際中的發展規律，並按照這些規律去決定自己行動克服當前敵人而說的，我們不要看輕這句話。」

孫武的戰略思想富有辯證法的光澤。他雖不能從理論上形成辯證法體系，但在思想路線的實踐上有明顯的辯證法特點，這在表述「因糧於敵」和「因敵制勝」的時候更為顯著。

古代用兵，因交通不方便，往往困於軍糧的運輸。孫武提出「因糧於敵」的方法，使敵軍之糧為我所用，既能削弱敵人，又能充實自己，而且減少了由於運輸而消耗的人力和物力。除了軍糧，其他戰爭物資也可以採取這種辦法從敵人手中獲取。「因敵制勝」，是

針對敵方的具體情況，創造出相應條件，奪取戰爭中的主動地位，從而取得勝利。孫武認為戰爭跟其他事物一樣，無時無刻不在變化之中。所謂「兵無常勢，水無常形，能因故變化而取勝者，謂之神。」這就是說能根據情況變化，掌握戰機而取得勝利，就是用兵如神的表現。

孫武的《孫子兵法》寫於春秋晚期，在中外軍事學術史上佔有顯著地位。戰國時期著名軍事家吳起、孫臏等都受到孫武的影響。而《孫子兵法》中的論斷，歷來為兵家或作家引用。約在七世紀，《孫子兵法》傳入日本。十八世紀以後，陸續有英、法、德、俄等文字的譯本，受到國外軍界，甚至企業界的重視。

諸子百家中讓君主們感興趣的是法家，其代表人物是韓非子。曾是荀子門生的韓非子，繼承了荀子的性惡說，他認為為了提高社會地位，追求自己的理想，迎合民眾的種種做法都是亂的根源。韓非子指責其他的思想家，只知討好民眾，以致社會變亂頻仍。韓非子倡導將孔子的禮治改成法治，他認為治理國家必須建立法治，使民眾受到懲罰，只有在法律基礎上建立起強大的權力，才能保證國家的安定。

在春秋戰國時代誕生的諸子百家的思想，在以後的世代中，以儒家學說為中心，共同成為中華民族傳統文化的精神支柱。文化的繁榮與物質並行，用具成為物質演進的佐證，從青銅器到鐵器，是一個飛躍，正如思想的逐步明晰。

戰國時代的農村，已經開始廣泛使用耕牛，穀物的生產量飛躍提高。開墾和水利設施建設的盛行，使耕地

↑ 莊子像

↑ 鬼谷子像

面積和農村的人口激增，而這些都與鐵器的普及息息相關。當時斧頭的斧柄是用鐵做成的，和銅相比，鐵器由於鐵礦石的豐富，可以低成本大量生產。當時的鐵器仍使用鑄範的製造技法，當時鐵製的農具急速地得到普及，從出土的鐵製農具可以看出，鐵製的鋤與以往的石製、青銅製農具相比，更能深入土壤中。鐵器也使手工業得到發展，在城市和農村，手工業勞動者增加，鐵製工具使各種手工業得到發展。鐵器並未過時，清朝製作的編鐘至今收藏於北京故宮博物院，精美無比，當年每個正月，皇帝都會在宮中演奏編鐘，用來祈禱國家和人民的繁榮幸福。

實筆寫春秋，諸子論戰國，歷史並不遵從人們的意願，在不斷的意外中延續發展，思想也不斷交融匯合，軸心時代奠定的基礎光耀千秋，我們可以懷想風華。

<5> 官學下移與遊士之風

「士」階層無疑是中國古代社會最具特色的一個階層，是中國歷史上最大的一個變數和動因。中國古代社會政治、經濟、文化乃至整個文明性格的許多秘密都可以到這一階層中去尋找。先秦時期的「遊士」尤其突出地顯現出上述特點，並大致由此規定了往後中國士階層的命運。

➲ 長柄豆 高50.2釐米，為戰國早期器物

用「遊士」來概述先秦士階層，不僅史有明載，也為學者所共識，實為最妥帖

的說法。「遊士」即是指那些「離其宗國，輕去其鄉，遊說他土，以干時君世主，以取祿位之士」。春秋戰國之世，正是「布衣馳鶩之時，而遊說者之秋也。」。要了解先秦的「遊士」階層，可以從三個方面來把握。

第一，春秋戰國之世，諸侯列國出於富國強兵的需要，開布衣卿相之局和「禮賢下士」之風，受過「六藝」（禮、樂、射、御、書、數）教育，能文能武的士子紛紛以遊說、遊學的方式參與到社會政治、文化生活之中，對當時和後世以深刻的影響。例如，《史記·孔子世家》記載，春秋晚期，鄧析講學於鄭，孔子聚徒講習六藝於魯，「弟子蓋三千焉，身通六藝者七十有二人」，發展成為儒家學派，卒為儒宗。《孟子·滕文公下》也說孟子「後車數十乘，從者數百人，以傳食於諸侯。」

🔺 獸形尊 高53.7釐米，戰國早期器物

遊學和遊說所以成為一時風尚，除了統治者的需要，也是「士」進於仕途的兩個主要門徑。如以秦國為例，衛鞅本魏人公叔痤之家臣，入秦後因說動秦惠王相；甘茂乃上蔡監門官史舉之家臣，入秦後做秦武王的左丞相；范雎、蔡澤均因遊說之才而做過秦昭王之相國。其他諸國亦皆如此，如燕昭王時，郭隗因其說動昭王，不僅昭王為其築宮室，還造成了「士爭湊燕」的局面（《戰國策·燕策一》）。戰國中後期，發展到有權勢的大臣每多養士以為食客。如享有「春秋四

公子」美譽的齊孟嘗君田文、趙平原君趙勝、魏信陵君魏無忌、楚春申君黃歇，以及秦文信侯呂不韋，他們所養食客均達到三千人。遊說、遊學之士確對當時的列國以極重要的影響，王充《論衡・效力篇》謂：「六國之時，賢才之臣（實指遊士），入楚楚重，出齊齊輕，爲趙趙完，畔魏魏傷，」確是實情。史家謂士爲春秋戰國時最活躍的一個階層，正在於士子離宗國、去鄉土，以其文才武藝而游移於列國之間。

　　先秦士子所以稱之爲遊士，最根本的就是士階層的社會地位由於舊制度的崩解而名存實亡，士子們喪失了過去穩固的祿位之資，因而他們上下游移，上者可至「士大夫」，下者則爲「士庶人」。歷來關於先秦士階層的地位問題，史家、學者爭論頗多，童書業先生就曾指出：春秋時代天子、諸侯、卿大夫皆是宗法貴族，應無疑義，但士是否貴族，在學術界還沒有統一的看法。士的地位之所以難定，是因爲士階層是一個非常獨特的階層，特別是在制度上是如此：一方面，士沒有大夫的那種「采邑」，也沒有大夫的那種「家」「室」，因而士對官職的依賴性很強。明末的大思想家顧炎武在《日知錄・士何事》中指出，古代之士皆大抵爲有官職之人；另一方面，士可以進仕爲官，庶人、工、商則無功不能進仕，士可以受教育，庶人、工、商則至多受低級教育，不能受高級教育。

　　士在古代政制中的獨特情況表明，士更多地只是一種身分的標誌，從制度上講，士屬

⬆ **錯金銀犧尊**
高23.8釐米，
戰國中期器物

於貴族之列，有某些特權，但如不與官職相結合，多半就是空的。金文和古籍中所以出現「士大夫」和「士庶人」之說。在宗法制度上，士的地位並不高，他們不一定可以與卿大夫平列，低則與庶人同等，但是士子在仕途上可以達到卿大夫之位，而不能得意於仕途者則與庶人為伍。換言之，士的地位在宗法制度上並無變化，變化的只是具體的士人，用俗話說就是「鐵打的營盤流水的兵」。造成這一情況的一個重要的原因可能就是魯僖公九年，即西元前六五一年，諸侯在葵丘會盟，在盟約中明確提出「士無世官、官事無攝」（《孟子・告子下》）。也就是說，士的官爵祿位不世襲，這就更促進或推動了士子的流動或游移，特別是戰國之時，實際上，「士階層處於不斷沉浮分化之中，或仕或隱，或出或處，或上升為貴族，或下降為庶民，其間界限當難劃定，故史籍中常稱之為「遊士」。

實際上，從此以後中國歷史上士子們命運好時，可以是士大夫；命運不濟時，則淪落到社會的最底層，如元代有「八娼、九儒、十丐」之說，高不過娼妓，低不過乞丐。「士」在平民百姓看來是官僚，而在官僚們看來也就是高級平民而已。所以美國著名學者余英時先生把中國

文化傳統中的「士」看作是一個「未定項」，這是有道理的。從根本上來講，中國士子所以成爲遊士，就是因爲他們不屬於任何固定的階級，文才武藝成爲他們唯一的憑藉。

先秦時的遊士，還指此一時期存在著一批游離於社會政治、文化生活之外的士子。他們既不聚徒講學，也無意於時君世主，而是遊跡於大自然的山水之間，或者說「遊方之外」。他們與「遊方之內」的士子相比，同樣在學問、道德、人品等方面都有極高的修養，不同的只是他們浮雲富貴，敝屣功名，「天子不能臣，諸侯不能友」。孔子在周遊列國時所

⬆ **錯金銀鳥紋壺**
高12.8釐米，戰國早期器物

碰到的晨門者、荷者、長沮、桀溺等人均爲「遊方之外」者，他們均對孔子心存君國的救世主義、對他積極投身於社會政治、文化的改革與建設的行爲提出了批評、譏笑和諷刺。實際上，這樣一批自潔其行、高尚其志，與現實社會保持距離的遊士也就是所謂的隱士。

遊士階層的興起，在春秋戰國時期，有特定的原因，同時代不無關係。

春秋戰國，是中國古代社會由氏族封建制向國家集權制過渡的變革時期。這種變革，在政治上，是所謂「王綱解紐」；在文化上，是所謂「禮崩樂壞」；在學術上，是所謂「道術爲天下裂」。在這個急遽變革的歷史時期，作爲一個特定的文化群體，士人一方面以自身的不斷蛻變與分化回應著社會歷史變革大潮的衝擊，另一方面又極大地發揮其自身的文化功能，不斷地爲深化這個偉大的歷史變革而推波助瀾。顧炎武《日知錄》以「邦無定交，士無定主」概

說戰國時代政治風俗的「衰變」，正說明士人群體的流動與演變，是與時代變革相伴而行的。

文化上的「禮崩樂壞」，其突出表徵便是「官學下移」。這是影響士人發生重大質變的直接因素。《左傳》昭公十七年載孔子曰：「吾聞之，天子失官，學在四夷。」杜預注：「失官，官不修其職也。」孔穎達引王肅曰：「孔子稱學在四夷，疾時學廢也。」杜注「失官」則是，王云「學廢」則非。因為學官不修其職並不意味著教育從此廢毀，而是由官學替降為私學。

周代的官學下移，私學興起，曾經為學者們津津樂道，以為這是平民教育的普及與擴大。其實，這純屬誤解與錯覺。據我們研究，周代的鄉遂平民並非沒有受教的機會，州黨的庠、序，就是「六鄉」居民受教的場所。而鄉學的俊選之士還可入國學繼續學習，通過特殊的考選，還有可能進入較高的官僚階層。三年大比，以興賢能，在西周是作為一種制度推行的。

周平王東遷之後，王室衰微，大比興賢之制，也隨之衰落。至於惠王、襄王時代（前六七六—前六二〇年），興賢之制不僅王室無聞，即使侯國君主欲覓國中賢能之士，亦須親自過問。如《國語‧齊語》載齊桓公責其鄉大夫曰：「於子之鄉，有居處好學，慈孝於父母，聰慧質仁，發聞於鄉里者，有則以告。有而不以告，謂之蔽明，其罪五。」如果大比興賢之制存，

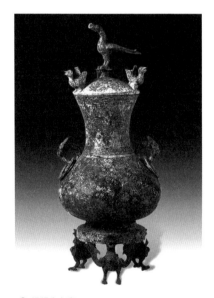

❀ 錯銀立鳥壺 高七十三釐米，戰國晚期器物

「考其德行道藝而興賢者能者」，應是鄉大夫的分內之事，無須國君
親自過問，可見大比興賢之制不行有日矣。

選士的制廢，與鄉校教育的廢弛，是互爲表裏的。《左傳》襄
公三十一年載：鄭人遊於鄉校以議執政大臣，然明建議毀掉鄉校。
設想如果鄉校的文化功能依然如初，負有教育鄉民子弟並爲朝廷選
拔俊士的職責，然明絕不至於出此下策。而子產也只是說「夫人朝夕退而遊焉」，僅以鄉校爲鄉民的公共娛樂場所，亦不涉及其教育功能，可見這時的鄉校不過是名存

⬆ **犧背立人擎盤** 高14.5釐米，戰國早期器物

實亡，已無關教誨了。難怪在子產執政三年之後，百姓誦之曰：
「我有子弟，子產誨之；我有田疇，子產殖之。子產而死，誰其嗣
之。」（《左傳》襄公三十年）百姓以子產誨其子弟爲重大政績，列
於殖其田疇之前加以頌揚，可見在子產相鄭之時，一度振興過鄭國
的鄉校教育。由此亦可見，官方的平民教育已經廢弛到何等程度！

雖然說，官方鄉校廢弛，但平民教育卻不絕如縷，這就是逐漸
興起並實際取代官方鄉學的私家教育。

由官方鄉校師資來源的考察，鄉校蛻變為私學是較容易的。《禮記·學記》：「古之教者，家有塾」，鄭注：「古者仕而已者，歸教於鄉里。」《書傳說》也說到：「大夫七十而致仕，而退老歸其鄉里，大夫為父師，士為少師。新穀已入，餘子皆入學，距冬四十五日始出學。」《白虎通·庠序之學》亦曰：「古者教民者，里皆有師，里中之老有道德者為里右師，其次為左師，教里中之子弟以道藝、孝悌、仁義。」由此可見，在鄉學任教職者，是年老退休的官吏，是「里中之老有道德者」。又《管子·問篇》：「處士修行，足以教人，可使帥眾萉百姓者幾何人？」言「處士」，則是未居官之人，言「使」，則意味著鄉校教師乃由官方委任。

擔當鄉校教師者，為退役的官吏，或是「修行」的「處士」，或是「里中老有道德者」，這與辟雍或泮宮中擔任貴族子弟的教師者相較，其身分大為懸殊。在天子或諸侯的國學任教者，是所謂保氏、師氏、大司馬、樂正、樂師、太師、保傅之流。雖然他們往往身兼多任，不專以教學為務；但均為在職居官之人，與鄉校中以致仕的官吏及民間人士任教迥然有別。因此，一旦國家的選士制度弛廢，官方鄉校教育立刻便土崩瓦解或名存實亡。只有那

些真正願意獻身於民教的「修行處士」、「老有道德者」才能堅持下去。這樣，官方的鄉校也就自然而然地蛻變爲私學了。

因此，大比選士之制廢毀，是春秋時代「官學下移」的根本原因。而選士之制廢，鄉校教育弛，私家之學起，士人的性質以及進入仕途的方式也就不可避免地發生深刻變化。

⬆ 錯銀龍鳳方案 高36.2釐米，戰國中期器物

「士」不再是「有職之人」或「有爵之稱」，而是「在學之士」或「學成之士」這一知識群體的通稱。其身分就是與農、工、商並稱爲「四民」的「士民」，他們之中的多數，除了擁有知識之外一無所有。孟子說士「無恆產」，蘇秦曰：「使我有雒陽負郭田二頃，吾豈能佩六國相印乎？」(《史記·蘇秦列傳》) 皆是其證。由此可見，「士」的職業選擇，只有兩種，要麼「仕」，要麼「學」。現代著名哲學家馮友蘭先生說，士「這個階級，只能做兩件事情，即做官與講學」。用「做官」與「講學」詮釋「仕」與「學」，大致不差。

士人進入仕途的方式，也發生了重大變化。大比考選然後獲得爵命的入仕方式已經成爲遙遠的過去，取而代之的是援引、推薦或

自薦。《史記‧魏世家》載李克與翟璜的一段對話，十分具體地說明了士人由推薦援引入仕的情形：翟璜、李克與魏成子，分別向魏王推薦了不少人才。翟璜推薦的五人之中，有四位是歷史上的知名人物：西河守吳起、中山相李克、鄴令西門豹以及著名戰將樂羊子。因此，翟璜頗以能為國家推薦人才自矜。當魏王選擇國相時，翟璜滿以為李克會推薦自己。但李克卻推薦了魏成子。於是，翟璜忿然質問李克，自己哪點不如魏成子。李克則將翟璜所推薦的五人與魏成子所薦三人相比，說翟璜所薦五人君以為臣，而成子所薦三人（卜子夏、田子方、段干木）則君以為師。更為重要的是，魏成子推薦人才，並不是結黨營私或沽名釣譽以博取更高的官位。這樣，翟璜也就自知比不上魏成子了。由此可以想見，列國大臣大抵都可向國君推薦人才。由吳起、樂羊、西門豹、卜子夏、田子方、段干木諸人均在援引推薦之下走入仕途，亦可想見，戰國時代其他士人的入仕情形，大抵如此。

不僅列國將相大臣推薦援引士人入仕，當時有名望的大學者大教育家及其先進弟子，亦往往推薦其子弟與學友登入仕途。如孔子「使漆雕開仕」（《論語‧公冶長》）：子路亦「使子羔為費宰」（《論語‧先進》）。墨子「遊公尚過於越」，「仕曹公子於宋」，「使勝綽事項子中」（《墨子‧魯問》）。又《墨子‧貴義》記墨子推薦某人去衛地做官，其人至而後返，理由是給他的俸祿太少。而《公孟篇》載墨子收徒而許之以「仕」，其徒「期年」而責其踐諾。孔、墨均推薦弟子入仕，想來其他學派的大師當不會例外。

當然，亦有當國之主要求著名大師薦拔其弟子入仕者。如季康子問孔子：「仲由可使為政也與？」孔子曰：「由也果，於從政乎何有？」又問：「賜也可使從政也與？」孔子曰：「賜也達，於從政乎何有？」又問：「求也可使從政也與？」孔子曰：「求也藝，於從政乎何有？」（《論語‧雍也篇》）季康子問子路、子貢及冉求

能否從政，當是於孔門弟子中物色家臣。

　　因此，選士之制與鄉校教育廢弛之後，私家教育興起，不僅改變了士人的性質：也改變了士人們的入仕方式。正是由於推薦援引成爲士人們入仕的主要方式，因而士人遊說自薦便逐漸成爲戰國時風。

春秋時代，爲了爭奪霸主，諸侯也往往禮遇敵國來奔的大臣，從而形成「楚材晉用」並「疲憊宗國」的現象。如楚國申公巫臣，挾夏姬奔於晉國，「晉人使爲邢大夫」。及楚共王即位，楚人殺巫臣之族「而分其室」，於是巫臣決心報復楚國。其策略是「通吳於上國」，「與其射御，教吳乘車，教之戰陣，教之叛楚」。使楚國腹背受敵，疲於奔命（《左傳》成公二年、七年）。又如，

● 銀首俑燈 高66.4釐米，戰國中期器物

效命於吳國並使楚國在柏舉之戰一敗塗地的伍子胥亦爲楚人，而輔助越王句踐興越滅吳的范蠡與文種，亦是楚人。當然，春秋時代，諸侯禮遇亡命來奔的異國人士，往往是一種不自覺的舉動：而亡命出奔者趨向何國，亦有相當的偶然性。如申公巫臣本打算奔往齊國，由於齊國剛剛在鞍之戰中敗於晉國，於是打消了奔齊的念頭。此外，出奔者往往是失勢的貴族而並非一般的士人。

　　時至戰國，士人自薦登入仕途乃一時風會，形成了所謂「遊士

無宗國」的局面。士人的政治活動與文化活動擺脫了宗國的局限性，為他們施展抱負，成就功業甚至追逐名利提供了廣闊的行為空間。如：公孫鞅西入秦「因孝公寵臣景監以求見」（《史記·商君列傳》）；蘇秦、張儀皆憑三寸不爛之舌遊說人主；虞卿亦「躡蹻簷簦說趙孝成王」，為趙之上卿（《史記·平原虞卿列傳》）；皆是其例。與遊說之風相輔而行的，是所謂「客卿」現象。「客卿」本為秦國對客籍士人的稱呼。如《史記·秦本紀》昭王三十三年有「客卿胡陽」，三十六年有「客卿灶」等。而「客卿胡陽」在昭王三十八年又稱「中更胡陽」。又司馬錯在秦昭王十六年任左更，《史記·秦本紀》稱之為「左更錯」，而《白起列傳》又稱之為「客卿錯」。范雎初入秦，亦拜為客卿（《史記·范雎蔡澤列傳》）。又《樂毅列傳》亦云燕趙皆以樂毅為「客卿」。則「客卿」一名，似乎非常設之官職，而是一臨時之稱呼。

戰國時代，列國君主不僅採取積極主動的措施，大力招攬人才；士人們的取捨，其功利性更為明顯。燕昭王「卑身厚幣以招賢者」，「樂毅自魏往，鄒衍自齊往，劇辛自趙往，士爭趨燕」（《史記·燕召公世家》）。齊宣王「喜文學遊說之士，自如騶衍、淳于髡、田駢、接予、慎到、

環淵之徒七十六人，皆賜列第，爲上大夫，不治而議論。是以齊稷下學士復盛，且數百千人」（《史記‧田敬仲完世家》）。燕昭王「卑身厚幣」，齊宣王「高門大屋」，禮賢下士，延攬如恐不及，各國君主大抵皆是如此。王充《論衡‧效力篇》云：「六國之時，賢才之臣，入楚楚重，出齊齊輕，爲趙趙完，畔魏魏傷。」因此，各國君主延攬人才不遺餘力，也並非僅僅是爲了博得禮賢下士的好名聲，而是出於富國強兵以應付日益劇烈的兼併戰爭。等而下之者，各國卿相及貴介公子爲了保住宗族利益或是鞏固個人地位，亦紛紛私養門客以挾制人主，竟至於「扛鼎擊劍，雞鳴狗盜之徒，莫不賓禮，靡衣玉食以餽於上者」，亦是有鑒於「得士者昌，失士者亡」的同一道理。

↑ **十五連盞燈** 高82.9釐米，戰國中期器物

官學演變爲私學，大比選士之制弛廢：爲了謀求出路，士人們不得不以遊說自薦的方式進入仕途，這是形成戰國遊士風氣的主體因素；而急劇的兼併戰爭所造成的人才渴求狀態以及由上陵僭國的大夫爲收買人望邀譽諸侯所形成的禮士之風，則是導致士人能夠朝秦暮楚擇木而棲的客觀因素。正是這兩種因素的相互催發，致使戰國時代的士人心態發生了前所未有的變化。這種變化，

主要表現在兩個方面：一是克服厭學情緒，潛心向學埋頭苦讀以改變生存環境，朝為田舍郎，暮登侯王相的仕途幻覺成為士人的流行風。二是平交王侯傲視人主以張揚個性，以道自任捨我其誰的自我意識瀰漫士林。

春秋時代，官學衰落，選士之制廢弛，士人出路受阻，於是逐漸滋生厭學情緒。如《論語・子路》：樊遲請學稼，子曰：「吾不如老農。」請學為圃，曰：「吾不如老圃。」樊遲出，子曰：「小人哉，樊須也！上好禮，則民莫敢不敬；上好義，則民莫敢不服；上好信，則民莫敢不用情。夫如是，則四方之民，襁負其子而至矣，焉用稼！」

樊遲之請，歷來學界的注釋家多不得其解，唯清人劉寶楠差為得之。劉氏曰：「當春秋時，世卿持祿，廢選舉之務，賢者多不在位，無所得祿。故樊遲請夫子學稼學圃，蓋諷子以隱也。」劉氏以為樊遲請學稼學圃乃諷勸孔子退隱，似乎難以確證。但他聯繫春秋末世的時代風氣發掘樊須當日的隱曲深衷，不愧為巨眼卓識。又劉氏於《論語・衛靈公》「君子謀道不謀食」下亦曰：「古者四民各習其業，自非有秀異者，不升於學。春秋時，士之為學者，多不得祿，故趨於異業，而習耕者眾。觀於樊遲以學稼學圃為請，而長沮、桀溺、荷丈人之類，雖隱於耕，而皆不免謀食之意，則知當時學者，以謀食為亟，而謀道之心或不專矣。夫子示人以君子當謀之道，學當得祿之理，而耕或不免無餒，學則可以得祿，所以誘人於學。」在「選舉之務」廢而賢者「無所得祿」的時

代氛圍之中,與其飽讀詩書學干祿,不如學一點稼圃之類實實在在的謀生技能來得穩當。看來,樊須一定是感覺著仕途經濟的渺茫無望,而出此下策的!然而,孔老夫子並未洞悉這位弟子「讀書無用論」的內心隱秘,而是不問青紅皂白地辱罵與指責,說什麼從政者只需以禮義化民而無需教民稼穡,與樊須本意可謂風馬牛不相及了。又《論語・先進篇》:子路使子羔爲費宰。子曰:「賊夫人之子。」子路曰:「有民人焉,有社稷焉。何必讀書然後爲學?」子曰:「是故惡夫佞者。」

子羔尚未學成,子路便急急忙忙引薦他去做費宰。孔子認爲這是害人,但子路卻強詞奪理。孔子也無可奈何,只好說,「所以我討厭那些巧舌如簧文過飾非的傢伙!」顯然,這則孔門軼事的背景,正是當年逐漸泛濫的厭學情緒。

值得注意的是,這種厭學情緒已經傳染到上層社會,甚至波及到王朝的公卿大夫。《左傳》昭公十八年載:魯國使者去曹國參與會葬,拜見了同來會葬的周大夫原伯魯。在交談過程中,魯國使者感覺到原伯魯也有厭學情緒,回國後告訴了閔子馬。閔子馬認爲,一定是下層社會的厭學情緒十分強烈,因而波及影響了在位者。而在位者又認識糊塗不能明辨是非。如果容忍這種不學無術以從政的現象長期繼續下去,必然導致下陵上替,發生內亂。他還據此預言原氏將有滅族的危險。閔子馬批評原伯魯「不說學」,其話語是十分尖刻的。然而,具有諷刺意味的是,魯人嘲笑周大夫「不說學」將有滅族的危險,曾幾何時,這種厭學情緒也感染了魯國的國君。《韓詩外傳》卷五講述了這樣一則對話:哀公問於子夏曰:「必學然後可以安國保民乎?」子夏曰:「不學而能安國保民者,未之有也。」

作爲一國之主,魯哀公竟然提出如此愚不可及的問題,實在不免唐突失問。但聯繫上述背景,哀公之問又確乎有感而發。在上上

下下瀰漫著「讀書無用論」的時代氛圍中，魯哀公有是惑而有是問，不其宜乎！

上述諸事，均發生在《春秋》魯國昭、定、哀三世（前五四一一前四六八），其時已是春秋末葉而臨近戰國。然而，也許是物極必反罷，在前後不到四十年的時間之內，社會風氣卻發生了一百八十度的急轉彎。《韓非子‧外儲說左上》載有趙襄子一則舊聞：王登爲中牟令，上言於襄主曰：「中牟有士，曰中章、胥已者，其身甚修，其學甚博，君何不舉之？」主曰：「子見之，我將爲中大夫。」相室諫曰：「中大夫，晉重列也。今無功而受，非晉臣之意。君其耳而未之目邪？」襄主曰：「我取登，既耳而目之矣。登之所取，又耳而目也。是耳目人絕無已也。」王登一日而見二中大夫，予之田宅，中牟之人，棄其田耘，賣宅圃而隨文學者，邑之半。

趙襄子使任登爲中牟令，任登又推薦了中章胥已二位中牟之士。趙襄子亦毫不猶豫地任命他們爲中大夫。此事在中牟一帶引起了很大震動，「中牟之人棄其田耘，賣宅圃而隨文學者邑之半」，士人向學之風一夜之間騰然而起。於是有寧越者苦心向學而終爲王者之師。《呂氏春秋‧博志》講述了這樣一個故事：寧越，中牟之鄙人也，苦耕稼之勞。謂其友曰：「何爲而可以免此苦也？」其友曰：「莫如學。學三十歲，則可以達矣。」寧越曰：「請以十五歲。人將休，吾將不敢休；人將臥，吾將不敢臥。」十五歲而周威公師之。

事實上，僅一趙襄子超擢士人，當不足以扭轉一時風氣。韓非子所言，或許雜有法家抑文學嘗耕戰的偏激情緒，但也並非盡是誇大之詞。據錢穆的考證，寧越之事周威公，其時約在周威烈王二十一年前後。據《先秦諸子系年》卷二的記載，周威公立在威烈王十二年，「相距凡十年，其時正魏文、魯繆尊儒禮賢，子思仕魯衛，吳起仕魯魏之際也。遊仕漸得勢，故寧越亦苦耕稼而從學問。其事

⊕ 戰國時期的蟠螭紋編鐘

雖微，足征世變」。趙襄子秉政五十一年，死於周威烈王元年（前四二五），寧越學十五年爲周威公師，則寧越始學，約在趙襄子死前三年（前四二八），其時正魏文侯十八年，上距魯哀公出奔的貞定王元年（前四六八）正好四十年。可見士人由厭學到向學的轉變是何等之急遽。諸侯禮賢極大地改變了士人心態。

寧越以十五年時間，完成三十年的學業，晝夜兼程，不敢休臥，其目的便是免除耕稼之勞苦，改變惡劣的生存環境。寧越從學之動機，代表著戰國時代士人從學的一般心態。晚於寧越將近百年的著名遊士蘇秦可爲佐證。《戰國策·秦策一》述其讀書之苦狀及其心理云：乃夜發書，陳篋數十，得《太公陰符》之謀，伏而誦之，簡練以揣摩。讀書欲睡，引錐自刺其股，血流至足。日：「安有說人主不出其金玉錦繡，取卿相之尊者乎！」期年揣摩成，日：「此眞可以說當世之君矣！」

《史記·蘇秦列傳》也說蘇秦不欲「治產業，力工商，逐什二之利以爲務」，不惜「引錐刺股，血流至足」。其目的十分明確，就是要人主「出其金玉錦繡」而「取卿相之尊」。

以學問作爲仕進之階，作爲「取卿相之尊」的利祿之路，寧越

【楚國漆器】

戰國時鐵製的刀、鑿、錛、斧等木作工具的普遍使用，使以木胎爲主的漆器生產，無論在產量、品種以及製作技術諸方面，都遠超前代。楚國是戰國時期幅員最大的國家，其漆器種類繁多，生活用品有盒、盒、箱、几、床，飲食用具有杯、盤、豆、壺，樂器有琴、瑟、笙、鼓，武器有弓、盾、甲冑等。其木胎製作在延用傳統的研製、鏇製成型工藝的同時，又開始採用捲木成型的新技術。彩繪技藝更爲成熟，以黑地朱繪爲主，還有金、銀、黃、綠、藍、赭、灰等多種顏色，形成楚國漆器豔麗多彩的風格。

與蘇秦是成功者的突出典型。至於那些淹沒在歷史長河之中姓名不彰的成功或未成功者究有多少，不得而知。其中多少士人是懷著朝爲田舍郎暮爲王侯相的仕途迷夢而頭懸樑錐刺股，又何可究詰!有誰又能肯定范雎、蔡澤、虞卿這些「家貧無以自資」、「躡蹻簷簦」、「形容枯槁，面目犛黑」的貧苦士人潛心苦讀的動機，不是爲了改變自己悲苦不堪的命運!《呂氏春秋·尊師》收錄這樣一個故事:子張，魯之鄙家也;顏涿聚，梁父之大盜也;學於孔子。段干木，晉國之大駔也;學於子夏。高何、縣子石，齊國之暴者也，指於鄉曲，學於子墨子。索盧參，東方之鉅狡也，學於禽滑黎。此六人者，刑戮死辱之人也。今非徒免於刑戮死辱也，由此爲天下名士顯人，以終其壽，王公大人從而禮

■孔子

(約前五五一—前四七九)春秋末期思想家，教育家。儒家學說創始人。魯國人，名丘，字仲尼。曾問禮於老聃，學琴於師襄。四十歲前後聚徒講學，相傳弟子三千，著名者七十二人。現存《論語》一書，記錄孔子的談話及及門人的問答。

■釋迦牟尼

(Sakyamuni，約前五六五—約前四八五)名喬達摩·悉達多。佛教創始人。屬釋迦族，牟尼意爲聖人。成道後被尊稱爲「佛陀 (Buddha)」。相傳不滿祭司說教，自求解脫之路，創佛教。

之，此得之於學也。

此六人並非生在戰國，但《呂氏春秋》的作者卻在戰國末年。因此，這段文字實則暗示著戰國士人的普遍心態。

周室東遷之前，君臣關係的確立，有所謂「策名委質」之制。「策名」即是「策命」。先由史官當場宣讀命書，命書上記載著所命之職及任命理由。策命完畢，受命者的職權與義務即已確定。「委質」即是「奠贄」，是臣下對於君上所行之「贄見禮」。「贄」的品級與授受方式雖然因相見者的身分不同而有所不同，但其目的與意義，則都是一樣的。即以「奠贄」之禮，表示對君上的臣服與忠心，並承擔對君上應盡的職責與義務。「策名委質」之制，春秋時尚仍其舊。《國語·晉語九》載晉人伐狄滅鼓，鼓子之臣夙沙絡，甘願以妻孥隨鼓子為奴。夙沙絡曰：「臣聞之：委質為臣，無有二心。委質而策死，古之法也。」又《左傳》僖公二十三年載：晉惠公卒。懷公立，命無從亡人，期而不至，無赦。狐突之子毛及偃從重耳在秦，弗召。冬，懷公執狐突，曰：「子來則免。」對曰：「子之能仕，父教之忠，古之制也。策名委質，貳乃辟也。今臣之子，名在重耳，有年數矣。若又召之，教之貳也。父教子貳，何以事君？刑之不濫，君之明也，臣之願也。淫刑以逞，誰則無罪？臣聞命矣。」乃殺之。

由此可知，「策名委質」不僅僅是確立君臣關係的外在形式，更重要的是這種外在形式所包蘊的君臣名節。韋昭《國語注》云：「委質於君，書名於冊，示必死也。」司馬貞《史記索引》云：「古者始仕，先書其名於策，委死之質於君，然後為臣，示必死節於其君也。」很明顯，這種君臣關係，實際上就是無條件的人生依附，一旦委質為臣，便終身無改。而且這種「委質而策死」，也被士人們認為是「古之法」、「古之制」，是天經地義毋庸置疑的。

然而，時至戰國，由於兼併戰爭所造成的人才渴求，以及由上

陵僭國的大夫爲收買人望邀譽諸侯所形成的禮士之風，使士人的自
我意識得以充分高揚，從而追求確立某種新型的君臣關係。

戰國時代，首開君主禮士之風者是魏文侯。魏文侯以大夫僭
國，遍禮賢士以籠絡人心博取聲譽。據《史記・魏世家》所載李克
謂翟璜之語，魏文侯對待士人有兩種不同態度：一是以之爲師：一
是以之爲臣。以之爲師者，卜子夏、田子方、段干木：以之爲臣
者，吳起、翟璜、李克、西門豹、樂羊子、屈侯鮒。當然，以之爲
師，不過是一種冠冕堂皇的政治欺騙而已，其實質仍然是臣。《孟
子・告子下》載淳于髡之語曰：「魯穆公之時，公儀子爲政，子
柳、子思爲臣。」趙岐注云：「魯穆公時，公儀休爲執政之卿。子
柳，泄柳也。子思，孔急也。二人爲師傅之臣。」「師傅之臣」，一
語道破。名爲師，實爲臣，不過比他臣多加一些尊敬而非僅頤指氣

使而已。然而，即使如此，也極大地刺激了
士人們自我意識的高揚與自身價值的確認，
從而喚起了士人莫大的自尊與自傲。田子方
與魏太子子擊的一次對話，透露著這一消
息。

《史記・魏世家》記載這個一件事情：子
擊逢文侯之師田子方於朝歌。引車避，下
謁。田子方不爲禮。子擊因問曰：「富貴者
驕人乎？且貧賤者驕人乎？」子方曰：「亦
貧賤者驕人耳。夫諸侯而驕人，則失其國。
大夫而驕人，則失其家。貧賤者行不合，言
不用，則去之楚越，若脫超然。奈何其同之
哉!」子擊不懌而去。

田子方以王師自傲，竟將王儲不放在眼
裡。他之所以能以「貧賤者驕人」，便是出於

>>> 天・工・開・物 >>>

【夾胎漆器】
一種漆器胎體製造工藝。
是在以麻織品成型的胎體上反
覆多次塗抹漆灰，然後表面磨
光，再髹漆彩繪。夾胎漆器胎
薄體輕，美觀實用，其成型技
術是東周楚國漆器胎體製造工
藝的傑出創造，具有不易變形
和開裂的優點，而且開拓了漆
器胎體用料的新途徑。

「行不合言不用則去之楚越」這種「天生我材必有用」的心理。也許田子方對待太子擊是一種極端的方式，或者這故事本身就是戰國末年的士人欲以道統與君統對抗而虛構。然而流風所及，一般士人亦開始向人主要求更多的人格自尊。如《呂氏春秋‧下賢篇》云：魏文侯見段干木，立倦而不敢息。及見翟璜，踞於堂而與之言。翟璜不說。文侯曰：「段干木，官之則不肯，祿之則不受。今女欲官則相位，欲祿則上卿。既受吾實，又責吾禮，無乃難乎！」

翟璜並不明白，文侯所「禮」，不過是那些「官之則不肯，祿之則不受」與他保持一定政治距離者，像翟璜這樣居官任職鞍前馬後死心塌地的人，則不在所「禮」之列。但他能主動向人主索要失落的自尊，這本身就體現著強烈的人格意識。又，魯穆公與子思為師友之爭，也發生過類似的不愉快，《孟子‧萬章下》載：穆公亟見於子思，曰：「古千乘之國以友士，何如？」子思不悅。曰：「古之人有言曰事之云乎，豈曰友之云乎！」子思之不悅也，豈不曰：「以位，則子君也：我臣也：何敢以君友也？以德，則子事我者也，奚可以與我為友？」

孟子揣摩子思之不悅，曲盡其衷。魯穆公自以為禮賢下士，不以子思為臣，而以朋友相待。而子思則不以為然，認為要麼就是君臣，要麼就是師弟子，不可能是朋友。看來，子思比翟璜更加心高氣傲，自認為德行超過君主，君主應執弟子之禮相見。這種爭論，當然不會有結果。據孟子所言，魯穆公對子思仍然禮遇有加，且「亟饋鼎肉」：但子思以為「君犬馬畜」，竟「使者出諸大門之外，北面稽首再拜而不受」。因為，子思自覺其價值不僅僅是一個「臣子」或者等而下之的「食客」，而是懷抱利器的王者之師。

子思這一思想的邏輯發展，便形成了瀰漫士林的以道自任捨我其誰的自我估價。其再傳弟子孟軻就是這樣評價自己的。孟子在《孟子‧公孫丑下》中寫到，「五百年必有王者興，其間必有名世

者。由周而來，七百有餘歲矣，以其數，則過矣，以其時考之，則可矣。夫天未欲平治天下也，如欲平治天下，當今之世，捨我其誰也!吾何爲不豫哉!」

孟子在齊而不見用，於是悻悻然離齊而去。但去齊之時，仍然希望齊王改變主意，思想「王如用予，豈徒齊民安，天下之民舉安」。他自信有能力「平治天下」，並且「當今之世」，也只有他才能平治天下。不能肯定，孟子的自命不凡，其中有多大程度的自誇：然而，這種自命不凡的口吻，確乎流露著一般士人的強烈自信!而這種自信，必然要導致「士貴」與「王貴」的衝突!孟子的「捨我其誰」表現了士人對於社會的使命感與責任感，那麼當時流行的另一種理論，即「士貴論」則是士人爲世君人主照亮未來的指路燈。

然而，有所作爲的君主畢竟是少數，現實之中大量存在的是庸常之主。戰國時代流傳著不少有關「君臣遇合」的歷史佳話。這些流傳的歷史佳話，很難說不是那些懷才不遇而處於困頓的士人們所心造的幻影。

當然，由於士人強烈的自信心理與高度的自我估價，不僅助長了士人的孤高自傲，也促使更多的士人老死於林下。那放言「士貴」的顏斶最終歸居於「邑屋」，便是極好的例證。夫隱居於岩穴的不仕之士，從高自標榜轉爲對時君世主及社會現實的猛烈抨擊與無情的批判。可以說，這仍然是「以道自任」與「捨我其誰」的自我意識的逆向流露。

總之，社會政治的急劇變革，造成了「禮崩樂壞」的文化變遷。官學下移，私學興起，大比興賢之製成爲歷史遺跡，導致士人群體發生質變。「士」不再是「有職之人」或「有爵之稱」，而是淪爲「四民」之首。士的入仕方式由官方的挑選變爲雙向選擇，從而遊說之風大起。同時，急劇兼併造成的人才渴求以及僭國大夫的籠絡人心形成的禮士之風，爲士人的活躍提供了廣闊的空間。這種

主、客兩大因素的相互催發，時至戰國，士人心態發生了前所未有的變化：一是克服厭學埋頭苦讀以改變生存環境，朝爲田舍郎暮爲侯王相的仕途迷幻成爲當時士人社會的流行風。二是傲睨人主倡言士貴，以道自任捨我其誰的自我意識瀰漫士林。這種自我意識的高揚與自身價值的確認，正是士人文化趨於成熟的重要標誌。

<6> 隱者和道家

在中國歷史上，「遊方之外」的隱士群落的出現可以上溯至古史的傳說時代。據史籍所載，堯、舜之時就出現了一批「五帝弗得而友，三王弗得而師」（《呂氏春秋・離俗》）的避世之士，如石戶之農、巢父、北人無擇、子州支伯、善卷、許由、伯成子高等等。他們共同的特點就是讓天下而不受，不漫於利，不牽於勢，高節厲行，獨樂其意，視天下如六合之外。如堯讓天下於許由，許由逃於箕山；舜以天下讓於石戶之農和北人無擇，石戶之農負妻攜子以入於海，終身不返，北人無擇則投於（蒼領之淵）清泠之淵。他們幾乎是用一種決絕的態度來捍衛、維護其價值觀念和行爲方式。此後更有卞隨、務光、伯夷、叔齊、虞仲、夷逸、柳下惠、朱張、少連、蘧伯玉等承善卷、許由之續，恪守隱者風範，不事王侯，高尚其事。

春秋戰國之世，由於士階層的分化，更是出現了諸如老聃、老萊子、楊朱、子華子、列子、莊周、歇冠子、北昏瞀人、南郭子綦、長沮、桀溺、石門晨門、荷丈人等一大批隱者，他們一方面保持著前輩隱者不慕榮利，傲視王侯，退隱野處的傳統；另一方面，

他們「在布衣之位，蕩然肆志，不詘於諸侯，談說於當世，折卿相之權」（《史記·魯趾連列傳》）「各著書言治亂之事」（《史記·孟荀列傳》）「不治而議論」。例如莊周有《莊子》、老聃有《老子》，列御寇有《列子》，表現出更高的理論自覺性、特別是他們不再只是像前輩隱者一味地與俗世保持距離，而是又從「方外」關照「方內」，以一種超然淨靜的眼光來看人間世，以一種獨立不阿的批判態度和「以德抗權」、「以道抑尊」的精神回到現實世界，因而他們對於政治的惡、社會的亂和人民的苦看得更爲眞切、深刻。

他們以博古通今的歷史教養，深觀社會矛盾運動，冷靜分析和總結歷史經驗，實際上具有極高的治世才能。這一淵源古遠，興盛於春秋戰國之世的隱者群落既爲當世的儒家學者所稱道，更爲後世文人士大夫所推許和效仿。如孟子推「於陵仲子」爲齊國士子之巨擘（《孟子·滕文公下》），孔子稱讚虞仲、夷逸之輩「隱居放言，身中清，廢中權」（《論語·微子》），認爲他們隱居不仕而放言高情至論；處身清高而合乎權變之道。「鳥，吾知其能飛；魚，吾知其能遊；獸，吾知其能走。走者可以爲罔，遊者可以爲綸，飛者可以爲矰。至於龍，吾不能知，其乘風雲而上天？吾今日見老子，其猶龍邪！」（《史記·老子韓非列傳》）足見孔子對老子推崇備至。在後世學者看來，「柱史歸周，而道闡關尹，去職而眞成。晨門藏名於抱關，沮溺避世而耦耕。漢陰抱瓦佳以忘饑；漁父乘流而濯纓。於陵灌園以逃相，萊氏負戴以辭卿。南華漆園以寓跡，列於鄭圃以消聲」。這些眞正的隱者「體曠容寂，神清氣沖；迴出塵表，深觀化宗；偃太和之室，泳元古之風；收人之所不寶，棄人之所必崇；以道德爲林囿，永逍遙於其中」（吳筠《逸人賦》）成爲後世學者追仿的榜樣。

戰國以後，隱者群落，可謂代不乏人，蔚爲一股重要的社會勢力，如黃石公、蓋公、商山四皓、張良、嚴光、陶潛、范縝、陶弘

景等等均為著名的隱士。處世士子紛紛以訪隱、招隱，結交隱士為榮耀。王維的《春日與裴迪過新昌里訪呂逸人不遇》一詩寫道，「桃源一向絕風塵，柳市南頭訪隱淪」。其他人描寫隱士的生活時，也多有下面的詩句傳世：「子陵沒已久，讀史思其賢。誰謂潁陽人，千秋如比肩」。「行行訪名岳，處處必留連」。「杖策招隱士，荒塗橫古今。嶺穴無結構，丘中有鳴琴」。貴為君王的梁武帝，明宣宗等亦有《逸民吟》、《招隱歌》及《招隱敕》等。特別是自范曄《後漢書》開始，隱士群團開始在正史中佔有一席之地。其後，唐修《晉書》、《隋書》，宋修《唐書》直至清修《明史》等，均依《後漢

↑ 戰國時期的四虎紋豆

書》之例，專設《隱逸列傳》，將各代著名隱士的事蹟載入國史，語言褒揚。私家史著中更有晉皇甫謐撰《高士傳》和清高兆的《續高士傳》，廣收天下古今名隱以傳世。不唯如此，隱者群團的思想和行為孕育了道家學派，成為道家依存的社會基礎。立基於隱者群的道家和儒家一道共同模塑著中國士子乃至整個中國人的精神品格，成為操持中國文化的幕後主角。

關於道家和隱者的關係，素為史家、學者所重視。《史記》明載：「老子，隱君子也。」老子修道德，其學以自隱無名為務。莊周寧拒楚威王之聘而甘願「曳尾於塗中」。《莊子·應帝王》也說，

列子歸隱，「三年不
出，爲其妻爨，食豕如
食人，於事無與親。雕
琢復樸，塊然獨以其形
立。紛而封哉，一以是
終」。這些都足見先秦
道家學派的主要代表人
物均是隱者。

　　晚近的學者亦多注
意到道家與隱者的淵源
關係，如著名哲學家馮
友蘭先生在《中國哲學
簡史》、《中國哲學史
新編》等著述中，多次
指出：「有一般人抱有

↑ **彩繪虎座鳥架鼓** 通高一百零四釐米，戰國時代樂器

技藝才能，然而不願意責與他人，這便是隱士。道家即出於隱士。」
「這些『隱者』、『逸民』之流，是道家思想的前驅。」「道家出於
隱士，故其理想中之人物，爲許由務光之徒，此等人對於政治社
會，皆取旁觀態度，此態度在道家思想中，隨時皆可見。」陳榮捷
先生在論述道家的思想的興起時，特別強調隱者的前導作用。他
說：「在某種意義上，說隱者是道家的先河，未嘗不可。隱士避世
俗，自潔全生，或且遊於方外，獨與天地往來，自古以來都有。」
南懷瑾先生亦指出：「道家淵源於隱士思想，演變爲老、莊或黃、
老。」蕭萐父教授則指
出：「單就道家，論其
起源，似可概括地表述
爲出於史官的文化背景

↑ **彩繪龍鳳紋瑟** 長167.3釐米，首寬42.2釐米，尾寬38.5釐
米，高13.7釐米，戰國樂器

↑ **戰國時期的彩繪鳳鳥紋五弦琴** 長一百一十五釐米，寬七釐米，尾寬5.5釐米

而基於隱者的社會實踐，前者指其理論淵源，後者指其依存的社會
基礎。」在「道家風骨略論」一文中，蕭教授亦指出，隱者群在生
活實踐上「乃是道家風骨得以形成和滋長的主要社會根基」。在各種
學說中，蕭先生的見解較為中肯而切實，其餘諸說稍嫌籠統，缺乏
進一步分疏，但都肯認道家與隱者群的淵源關係。

　　但先秦道家與隱者群落究竟是一種什麼樣的淵源關係？或者說
生長於隱者群落的先秦道家與一般隱者相比較，有沒有和有什麼樣
的獨特之處？馮友蘭先生在論及道家源於隱者時，曾指出：「道家
也不是普通的隱者，只圖『避世』而『欲潔其身』，不想在理論上為
自己的退隱行為辯護。道家是這樣的人，他們退隱了，還要提出一
個思想體系，賦予他們的行為以意義。」在馮先生看來，道家的理
論辯護也只是為他們的敗北主義辯護。蕭萐父先生對道家獨特的風
骨，也有深入的分析、總結和肯定。

　　當然，對獨特的道家風骨的認識，既要從儒道比較的角度加以

把握也要從道家與一般隱者比較的角度來把握。道家風骨主要表現在「避」與「隱」，具體地說就是「避於俗世」與「隱於自然」。先秦道家雖淵源於隱者群，但他們的「避」與「隱」是「大避」與「大隱」，不同於一般的隱士。《論語・憲問》曰：「賢者避世，其次避地，其次避色，其次避言。」王康琚《反招避隱詩》云：「小隱隱林藪，大隱隱朝市。」白居易《中隱》詩云：「大隱隱朝市，小隱入丘樊。丘樊太冷落，朝市太囂喧。不如作中隱，隱在留司官。似出復似處，非忙亦非閒。」

可見，避與隱是有不同境界之別的，就像荀子所說的儒有「陋儒」、「散儒」、「俗儒」、「雅儒」、「小儒」、「大儒」等不同分別一樣。道家的「避」不是避地、避色、避言，而是避世，但只要人活在這個世界上，就不可能「避世」，因此，道家的「避世」實乃是對這個世界的一種批判的「趨往」，「避」本身被當作一種批判的方式，一種否定，因為在這個充滿惡欲的俗世裡，真誠、善良與美都被淹沒在假、惡、醜之中。道家的「隱」不是隱山林、隱丘樊，不是隱姓埋名、消聲匿跡、江海寄平生，而是隱於朝市。朝市長喧囂，如何能隱？隱於心也，隱於自然也。朝市又何妨，心遠地自偏。自然也並不僅僅只是

自然山水，更在於心性之自然。因此，我們總能聽到他們批評的聲音，總能看到他們的身影。如莊子遊於人間世：一會兒雕陵遊，一會兒濠梁辯，一會兒過於魏，一會兒行於山中；列子爲妻子燒火做飯，食豕如食人；「楚之隱人」鶡冠子，雖「居深山，以鶡鳥爲冠」（《漢志》注），但曾爲龐火爰師，傳書十九篇；更不用說遊學於稷下的北方道家諸子。

對於充滿了辯證慧見的先秦道家的隱與避，應當從避與趨，隱與顯的辯證關聯中來把握。避世正是以一種「避」的方式「趨」世，一種對世界的否定的、批判的關照；而隱也絕不僅僅是「貴無」、「全生」而已，「道隱無名」，隱是求道，隱是求得「靜心」，求得對世事人情的玄解，從而做到更好地顯（更好地用於世）。避與趨、隱與顯也就是無爲而無不爲，無用而無不用。「避於俗世」是否定外在世界，「隱於自然」是趨向內在心靈；避是外在批判，隱是內在超越；避是棄，隱是取；避是看到了假、惡、醜，隱是爲了求得眞、善、美；避是不滿於假仁義以逐私欲、澆漓天下之純樸的現實，而隱則是爲實踐自然無爲、復歸於樸的理想；避是「被褐懷玉」、「掉背獨行」，隱是「道法自然」、因任物化；避是是非有別、物我分殊，隱是均同物我、齊彼物論；避是即世興感、自陳塊壘，隱是掃滅情累、自我開解。這就是道家風骨！

西周所定嚴格的宗法制度和社會等級，在春秋時期被打破，社會關係日趨複雜。戰國早期，各國新興統治者爲了鞏固政權，增強國力，銳意進行社會改革，推行各種新政策。各地人才傾力呈獻富國強兵之策，變法運動風起雲湧般展開，其成果對各國的發展都起到極其深遠的影響。

<7> 各國變法，風起雲湧

「高岸爲谷，深谷爲陵」──《詩經·十月》中的這句話，早就被人引用來形容春秋時代社會的翻天覆地的變化。春秋末期「君子陵夷」，政權易手，先前的封建秩序早已蕩然無存。《左傳》昭公三十二年（西元前五一〇年），史墨對趙簡子說：「社稷無常奉，君臣無常位，自古以然。故《詩》曰：『高岸爲谷，深谷爲陵。』三后之姓，於今爲庶，主所知也。」杜預注：「三后，虞、夏、商。」事實上，「三姓之後」應從更廣泛的含義去理解，春秋以來的貴族而今淪爲庶民，已成爲十分普遍的社會現象。社會結構的變化不能不引起政治制度、經濟體制、觀念形態等方面的相應變化。繼春秋之後，中國歷史進入戰國時代（西元前四七六－西元前二二一年）。這是一個社會大變動時期，春秋時代的世家大族幾乎都已煙消雲散，作爲一個社會階層們消失了，新的階層取而代之。戰國時代各國新興的統治者，無不關注如何維護自己的威權。這一時代，縱橫捭闔，波詭雲譎，兼併戰爭不斷，各國都必須集中一切力量爲生存而奮鬥。於是，各諸侯國爲了適應社會的大變動，紛紛進行變法求富求強。

⬆ 戰國時代的鐵斧

整頓和完善國家的政治體制，制訂有效的經濟政策，是富國強兵的根本。戰國早期，七大強國都先後推行變法。各國變法的程度不同，效果也不同。例如

⬆ 戰國時代的鐵製農具

原本很強大的齊國，由於舊貴族的阻撓，變法不徹底，因此日趨衰落。而魏、秦等國一意變法，變法後邁向富強。尤其秦國，在七國中變法最全面而徹底，因此實力日益雄厚，成為七國之首，奠定了統一中國的基礎。

各國變法內容不盡相同，大致包括：通過整頓戶籍、增加稅收、穩定物價等手段，保持國庫收入充盈和社會安定；針對強兵的需要，建立賞罰制度，嚴明軍紀；以法治國，進一步鞏固國家內部的統治秩序；選賢舉能，建立官吏選拔制度；盡其利；注重地盡其利，提高農業產量。各種變法運動，在各國轟轟烈烈的展開。

西元前四四五年，魏文侯即位，任用李悝為相國（即宰相），主持變法。李悝是法家的創始人，主張以法治國。他收集各國現行法律，編成《法經》。這是中國第一部系統的法典，共分六編：盜法、賊法、囚法、捕法、雜法、具法。盜法針對侵犯私有財產，賊法針對侵犯人身（包括殺傷），囚法用於斷獄，捕法用於捕亡，雜法用於懲罰較輕、越城、博戲（賭博）、借假（欺詐）、不廉、淫侈、逾制等六種違法行為，具法是根據具體情況加重或減輕刑罰的規定。《法經》的本意是以法治來保障社會變革的有序進行，然而它的影響超越了魏國。商鞅從魏入秦，幫助秦孝公實行變法，便是依據這部《法經》行事的；以後秦漢帝國編訂的《秦律》、《漢律》都是在《法經》的基礎上逐步擴充而成的。

李悝一方面是法家，另一方面又是農家，他在變法時很注意開墾荒地、興修水利、發展農業生產，為此必須剷除舊的領主土地關係。孟子說「善戰者服上刑」、「闢草萊任土地者次之」，是針對李悝的。李悝主張「盡地力之教」，也就是派官員督責農民加緊生產，增產者賞，減產者罰。為此必須雜種五穀：稷（小米）、黍（黍子）、麥、菽（大豆）、麻，充分利用空閒土地，多種蔬菜瓜果，栽樹種桑，擴大副業生產。李悝還實行「平糴法」，目的在於防止糧價

太貴太賤，因為「糴甚貴傷民，甚賤傷農」，他主張採用「取有餘以補不足」的手段，「使民適足，價平而止」。

人們從李悝所說的五口之家治百畝之田承擔什一稅（即收產品十分之一的稅收）這點，已明晰可見這種農民不再是領主土地上的農奴；從「糴賤傷農」這點，約略可見小農經濟已初步形成。這是一個歷史的大進步，因為它進一步把農民從國家上解放出來、獲得一定程度的人身自由，從而有利於生產生活。

比起魏國來，趙國的變法也毫不遜色。山東臨沂銀雀山出土的竹簡表明，早在春秋末年，趙國就把百步為畝改為二百四十步為畝，這種新畝制有利於生產力的發展和小農經濟的形成。

西元前四○三年，趙烈侯用公仲連為相國，進行改革，在「選練舉賢，任官使能」、「節財儉用，察度功德」的同時，「以仁義，約以王道」。也就是說，按照法家的理論選拔人才、處理財政、考核官僚，按照儒家的理論教化民眾。

此後，趙武靈王為了加強軍力，還進行軍制改革——這就是歷史上非常著名的「胡服騎射」，建立騎兵。他學習胡人的騎射與服式，並駁斥反對派說：「夫服者，所以便用也；禮者，所以便事也」，「法度

制令各順其宜，衣服器械各便其用」。這種因時制宜的改革，使趙國由此而日趨強盛。

在中國南邊，西元前四○一年，楚悼王即位後，啓用法家吳起，實行變法。吳起變法的指導思想是「損其有餘而繼其不足」、即剝奪舊貴族的權力和財產，扶植新興勢力。凡封君子孫已傳三代以上的，收回爵祿；裁汰無能無用之官，節約開支，供養「選練之士」；把舊貴族遷移到荒涼地區，充實與開發那些地區。

吳起針對楚國官場的歪風邪氣、大加整頓，明確規定：「使私不害公，讒不蔽忠，言不取苟合，行不取苟容，行義不顧毀譽」；「塞私門之請，一楚國之俗」；「破橫散縱，使馳說之士無所開其口」。目的在於提倡公而忘私，禁止私門請託，不准縱橫家進行遊說，以免擾亂視聽。

吳起變法使楚國迅速強盛，成效卓著。但由於損害了以舊貴族爲首的既得利益集團的利益，遭到了猛烈的反對，他們攻擊吳起是「禍人」，楚悼王是「逆天道」。一時間反對變法的輿論甚囂塵上，楚悼王一死，守舊派發動叛亂，吳起被車裂肢解而死。

吳起的死，顯示了涉及社會制度各個方面的改革，阻力之大是難以想像的，改革家往往遭到不公平待遇，甚至沒有好下場。守舊派的反撲，使變法的成就逐漸化爲烏有。韓非子說：「楚不用吳起而削亂，秦行商君而富強」，殊不知，作爲中國歷史上最著聲名的大改革家，商鞅也爲此付出了生命的代價。

<8> 商鞅 —— 中國改革第一人

秦國在戰國初期，無論在經濟上、政治上和文化上，都比其他六國要落後。當時秦國奴隸制的經濟基礎雖然瓦解了，但舊貴族勢力還相當強，政權長期控制在他們手裏，阻礙了經濟發展，政治上也得不到改革，地主階級仍處於無權地位。秦國土地很大，但地廣人稀，約有五分之三的土地尚未開發，農業生產遠不如東方各國。春秋戰國時期代表各種思想和學派的各國諸子，著書立說，形成一個文化高潮。然而在諸子之中卻沒有一個秦國人，可見秦國文化的落後。秦國的階級矛盾也相當尖銳，許多奴隸和農民逃往山林進行反抗。秦國由於內部政治和文化落後，因此被山東諸國看作夷狄。新興的魏國還不斷派兵攻打，搶佔了它的河西，各國會盟，秦也沒有資格參加。

國家的貧弱，外部新興國家的壓力，迫使秦國不得不進行社會改革。西元前四〇八年（秦簡公七年），秦國實行「初租禾」，即按照田畝多少來徵收實物作為田稅，這表明秦國的封建土地所有制已在法律上得到承認，地主階級已登上政治舞臺，但這比魯國在西元前五九四年實行「初稅畝」要遲一百八十六年。當時秦國的舊貴族把持政權，國君廢立都由舊貴族作主，舊勢力的強大和他們對改革的頑固阻撓，使秦國的社會改革遲遲不能進行。西元前三八五年，秦國的國君秦出子（西元前三八六年－前三八五年在位），年僅二、三歲，秦出子的母親利用宦官

掌握政權，引起群臣不滿。秦國有個公子叫嬴連，他很久以來就抱有改革秦國政治的願望，當時正出走在魏國，聽到這個消息，就動身回國，想參與秦國即將發生的政變，結果被秦國的庶子菌改迎入秦國邊境。秦出子的母親連忙命令群臣發兵去討伐公子連。群臣帶領軍隊出發，說是去討伐邊疆上入侵之「寇」，但走到半路上，群臣卻迎接了公子連，一同回到秦都雍（今陝西鳳翔縣），逼迫秦出子的母親自殺。公子連即國君位，這便是秦孝公的父親秦獻公。秦獻公奪取政權後，開始進行一系列改革。西元前三八四年廢止奴隸主殺人殉葬的制度；制定五家為一伍的戶籍制度；建立了四個縣，削弱了奴隸主貴族的特權。西元前三七八年又「初行為市」開始在國都按照市區的規模進行建設，封建關係和商品交換有了進一步發展。

秦獻公為了收復河西失地，遷郡櫟陽（今陝西臨潼北）。西元前三六二年，獻公去世，他二十一歲的兒子渠梁即位，這就是歷史上有名的秦孝公。孝公感到「諸侯卑秦（即瞧不起秦），醜莫大焉」。決心繼承獻公的事業，奮發圖強，進行變法改革。他下了一道《求賢令》，「有誰能想出奇計，使秦國強盛，我將給他高官做，並且分封土地給他」。就在這時候，商鞅從魏國來到秦國。

商鞅（約西元前三九○年－前三三八年），原是衛國破落貴族的後代，姓公孫，名鞅，也叫衛鞅，後因在秦國變法有功，孝公封給他商（今陝西商州東南）、于（今河南內鄉東）十五邑，稱為商鞅，所以歷史上也稱他商鞅。商鞅從小喜好刑名之學（即財政稅務和司法等方面的知識），非常尊崇李悝的法家學說，立下了革新政治的雄心壯志。他先跑到魏國，在魏相公叔痤那裏當家臣。公叔痤很器重他，臨死前特地把他推薦給魏惠王，說商鞅雖然年少，但有奇才，勸魏惠王加以重用。並建議魏惠王，如果不用他，那就要把他殺掉，不要讓他到別的國家去。魏惠王認為公叔痤的建議很荒唐，就沒有理睬。後來，商鞅聽到秦孝公下令求賢的消息，就帶了李悝著

的《法經》，前往秦國的都城櫟陽。

　　西元前三六一年，商鞅到了秦國，通過孝公的寵臣景監見到了秦孝公，並同秦孝公作了三次意味深長的談話。頭兩次，商鞅抱著試探的心理，故意向秦孝公講述了一些先王之道，仁政禮治。但孝公對這些古法毫無興趣，最後竟打起瞌睡來了。事後還責備景監給他介紹的是個糊塗蟲。景監轉告商鞅，商鞅知道孝公決心變法改革，於是第三次會見秦孝公時，就向孝公闡述了法家富國強兵之術，提出了變革政治的主張。孝公聽得津津有味，興高采烈，「語數日不厭」，決定任用商鞅進行變法。

⬆ **漆鎧甲** 身甲通高八十四釐米，肩寬四十八釐米，袖長四十釐米。戰國文物

　　在變法之前，爲了統一大臣們的思想，宣傳變法改革的意義，西元前三五九年，秦孝公在櫟陽宮召集群臣商討國家大事。孝公提出了自己想變法治國的主張，徵求群臣的意見。

　　商鞅首先表示同意。他指出「疑行無名，疑事無功」，力勸秦孝公去掉猶豫，趕快下定變法的決心。並進一步指出：「愚者陷於成事，知音見於未萌」；「法者所以愛民也。禮者所以便事也。」所以聖人治國，只要能夠強國，就不沿用古法，只要有利於民，就不遵守古禮。勸孝公不必顧慮人們的議論。

　　商鞅論述了變法改革的重要性和意義，從而在思想上爲變法掃清了道路。變法的理論爲朝廷內外所了解，孝公也堅決支持商鞅進行變法。於是在西元前三五九年，商鞅根據孝公的指示，擬定了變法令。

　　商鞅爲了做到該賞的必賞，該罰的必罰，依法令取信於民，行

↑ 彩繪木俑 戰國文物，高
六百六十七釐米

之有效，在法令公布之前，做了一次「南門徒木」的試驗。他派人在櫟陽城的南門樹起一根三丈長的木桿，並在旁邊掛了一幅布告：誰能把這根木桿扛到北門口，賞予十金。消息傳開，來看熱鬧的人，越圍越多，大家都竊竊私議，疑惑不解，不大相信誰扛木桿後就真會得獎金，因此沒有一個人動手扛。隔了一個晌午，木桿還是矗立在南門口。後來，布告上的「賞予十金」，又改成了「賞予五十金」。大家更覺奇怪了，終於人叢中走出一個大漢，抱著試探的心理，大膽地扛起木桿就走，把它送到了北門口。守門的官吏果然賞給了他五十金。「南門徒木」這件事，很快在秦國傳開了，大家都知道商鞅執法如山，說一不二。

就在這一年，孝公頒布了變法令。這一次變法令的內容有下列幾個要點：

一、廢除世卿世祿制。商鞅針對「有罪可以得免，無功可以得尊顯」的舊風俗，規定國君的親屬（宗室）沒有軍功的不能列入宗室的屬籍。凡人民立軍功的，均按功勞大小賞賜。商鞅重新規定秦爵為二十級：一、公士，二、上造，三、簪裊、四、不更，五、大夫，六、官大夫，七、公大夫，八、公乘，九、五大夫，十、左庶長，十一、右庶長，十二、左更，十三、中更，十四、右更，十五、少上造，十六、大上造（即大良造），十七、駟車庶長，十八、大庶長，十九、關內侯，二十、徹侯。凡戰爭中斬敵首一個，可以賞爵一級，要做官的可以給五十石（石是古代重量單位）俸祿的官，斬敵首兩個以上可以類推。這樣，提升官爵就和立軍功結合起

● 利簋　高二十八釐米，西周武王時文物，藏於中國歷史博物館

來，沒有軍功的，雖富也不能尊榮。同時，還規定對私鬥要按情節輕重，受不同的刑罰。

獎勵軍功的規定，鼓勵人們爲封建國家所進行的對外戰爭服務，提拔了一批支持封建政權、立有軍功的新官僚，使國家兵力強大起來，從而達到擴展領土、兼併別國的目的。秦國過去的爵位是和土地相聯繫的，賞賜爵位時就連帶分封土地，並給以這塊土地上的統治權。而商鞅這次所制定的官爵已和土地分離了，在二十級中，只有徹侯是有食邑（即封地）的，關內侯也還是個虛名。這就否定了秦國舊的爵位制，給原來世代佔有土地的舊貴族以沉重的打擊。

二、實行編戶制和「連坐法」。凡境內居民無論男女老少都登記在戶籍簿上，以五家爲「伍」，十家爲「什」，互相監督，一家犯法，如別家不告發，則十家同罪連坐。不檢舉告發奸人的，處以腰斬；告發的人，可以和在前線斬敵者一樣受獎，賜爵一級。藏匿壞人的，如同在前線投降敵人一樣受罰。旅店不能收留沒有官府憑證的人住宿；否則，店主連坐。編戶制的實行，使大量農民直接變爲國君的民戶，加強了封建政權對地方上的控制和管理，在當時有一定的進步意義。商鞅所訂的法律，除了著重推行連坐法以外，還採用了很多殘酷的刑罰。他增加了肉刑，死刑除了腰斬、梟首（即殺頭）、車裂等外，又增加了鑿顛（鑿穿頭頂）、抽肋（抽去肋骨）等刑罰。這些刑罰，有的是中原各國已經使用的了。

商鞅所訂的連坐法和輕罪重刑的辦法，是新興地主階級國家所

採用的一種專制主義統治的手段，主要目的是打擊沒落奴隸主貴族的反抗，維護新興地主階級的利益，從而鞏固新建立起來的封建國家的政權。這種專制主義統治的手段在摧毀奴隸主貴族反動勢力及貫徹執行新的法制方面，起著很大的作用。但是，法家是新興地主階級的改革家，他們代表的是地主階級的利益，因而對人民群眾所進行的革命鬥爭，也是殘酷鎮壓的，連坐法也起了鎮壓群眾反抗的作用。隨著歷史的發展，它成為後來保甲制度的起源，起了鞏固專制統治的作用。

　　三、獎勵耕織。凡努力從事農業生產，使糧食和布帛超過一般產量的，可以免除本人的勞役和賦稅；不安心務農而從事工商業或遊手好閒而貧窮的，全家罰做官奴。商鞅還招徠韓、趙、魏的無地農民到秦國墾荒，給他們土地和住宅，免除三世的勞役，不要他們當兵，讓他們安心務農，為秦國生產糧食。這是商鞅有名的「因末作而利本事」（本即農業，末即工商業）的政策。

　　商鞅在法律上作了獎勵耕織的具體規定，比李悝的「盡地力之教」前進了一步。用免除本人勞役作為獎勵辦法，原是戰國初期的法家所開創的，魏國就曾用此法來考選武士，現在在秦國推行開來了，直到秦漢時代，這種獎勵辦法還是沿用著的。人民在封建政權的壓迫剝削下，被徵發到遠地作無償勞動，是非常痛苦的，而且會影響農業生產的進行。用免除徵發到遠地作無償勞動，來獎勵農民努力做好農業生產，確能對人民起一些鼓勵作用，對發展社會生產是有利的。

　　四、鼓勵個體小農經濟的發展。規定一戶有兩個兒子以上的，到成人年齡必須分家，各自獨立門戶，不能過依賴生活，否則要出雙倍的賦稅。

　　五、焚燒詩書，重視法令。禁止「私門」的請託，鼓勵為「公家」服務。

商鞅變法是一場巨大的政治改革，給秦國奴隸主貴族帶來了沉重災難。貴族們祖傳的高官厚爵、富貴榮華、世襲特權，像遭到一次颱風襲擊，一下子都颳走了。但是，他們不甘心自己的滅亡，瘋狂進行反抗。秦孝公的兒子嬴駟有兩個老師，都是國王的貴戚，一個叫公子虔，一個叫公孫賈，是守舊勢力的代表人物，他們串連了上千人，反對新法，誹謗商鞅。商鞅為了貫徹變法令，堅決按法律辦事，給公子虔判處劓刑（即割鼻子），給公孫賈處以黥刑（臉上刺字）。同時在渭水河畔鎮壓了七百多個破壞變法的舊貴族，並把一批舊貴族流放到邊遠地區。商鞅就這樣公平無私，「罰不諱強大，賞不私親近」，「法及太子」，「黥劓其傅」，堅決鎮壓舊貴族的反抗，表現了新興地主階級生氣勃勃的鬥爭精神，使新興封建國家的法令能夠較順利地得以推行。

西元前三五二年，秦孝公以商鞅為「大良造」（秦爵十六級，相當於相兼將軍）。西元前三五〇年，秦把國都從櫟陽遷到咸陽（今陝西咸陽市）。同時，商鞅進行了第二次變法，其主要內容是：

一、推行縣制。合併鄉村城鎮為縣，全國統一規劃，共設四十一縣。每縣設令和丞，由國君任免。

二、廢井田，開阡陌。商鞅下令開裂井田的「封疆阡陌」。所謂「封疆」，就是指各級貴族所佔有的井田界限，這些界限是用土堆、溝地、樹木等連結而成的。所謂「阡陌」，就是井田中間與灌溉渠道相應的縱橫道路。商鞅變法破壞了井田的「阡陌封疆」，就是進一步破壞了井田制，從此井田制在秦國

從法律上被正式廢除了。

在廢井田、開阡陌的同時，還規定獎勵開墾荒地，承認土地私有，允許買賣土地，按土地多少抽稅，這對於發展地主經濟是有利的。

三、統一度量衡。商鞅頒布了標準的度量衡器，其標準尺，約合今0.23尺，標準量器一升約合今0.2公升。現存世的「商鞅方升」，就是當時頒布的一件標準量器。

四、制定秦律。按照李悝的《法經》，制定秦國的法律，並把它公布，要全國遵守。

商鞅兩次變法，沉重地打擊了奴隸主貴族，壯大了新興地主階級，發展了封建經濟，增強了秦國的軍事力量，穩定了封建社會的統治秩序。據歷史記載，秦國在推行新法後，「兵革大強，諸侯畏懼」。「家給人足，民勇於公戰，怯於私鬥，鄉邑大治」。總之，商鞅變法使封建制在秦國得到了發展和鞏固，成為戰國時期各國變法中比較徹底、全面而成功的一次變法。經過商鞅變法後，貧窮落後的秦國，一躍而成為當時各諸侯國中最先進、最富強的國家，為以後秦始皇統一中國奠定了基礎。

商鞅變法雖然取得了重大的勝利，但鬥爭並沒有結束。那些舊貴族時刻在伺機反撲。趙良曾去勸說商鞅，要他放棄新法和職位，隱居起來，讓已失去地位的舊貴族重新掌權，但為商鞅拒絕了。西元前三三八年，秦孝公去世，太子駟繼承王位，即秦惠文王。八年閉門不出的公子虔，立刻破門而出，乘機進行報復。他們使出弄虛作假、顛倒黑白的卑劣手段，誣告「商鞅謀反」。秦惠文王在貴族們的多方煽動下，以謀反的罪名派軍隊去商邑逮捕商鞅。商鞅一聽到這個消息，就帶著他手下的人和老母親逃跑，一直逃到關下，想要找個客舍住宿，客舍的主人卻不敢收留。他們說：「商君訂下的法律，讓沒有憑證的旅客住宿，要受連坐的罪。」因而找不到住宿的

地方。接著，商鞅企圖越過國境流亡到魏國，但因商鞅過去曾大破魏軍，魏國邊境的守將不接受他。於是他只得再回到商。商鞅在自己的封地商邑率領徒屬和邑兵抵抗前來逮捕的軍隊，但由於兵力薄弱而失敗。秦惠文王在彤（今陝西華縣西南）的地方，用「五馬分屍」的酷刑，殘酷地殺害了商鞅和他全家。

　　商君雖死，秦法未敗。由於商鞅的變法在秦國推行了二十一年，已深入人心，連婦女和兒童都能「言商君之法」，新法已經不可動搖。商鞅個人雖然落了個悲慘的結局，但他變法的各項措施仍在秦國繼續實行著，對當時歷史的發展產生了進步作用。商鞅不愧為戰國時期一位傑出的新興地主階級的政治家，也足以擔當「中國改革第一人」的美譽。

第二章 曾侯乙墓

一段埋藏二千五百年的音律，一位神秘莫測的侯爵，是墓葬還是寶藏，是科學還是藝術，開啟曾侯乙墓，開啟一個色彩斑斕的夢幻國度。

<1> 隨擂M1

在武漢市西北一百五十五公里，傳說兩千多年前有一個叫隨的古王國曾在這裡建都，隨州的名稱就此而來。楚王追逐叛賊的故事就發生在隨州市的郊區。據《隨縣誌》記載，春秋時期，楚莊王親自率兵攻打隨國，久攻不下。他的宰相鬥越椒乘機起兵反叛，並率叛軍追殺而來，令楚軍腹背受敵。為消滅叛軍，同時威懾隨國，楚莊王決定連夜修建擂鼓的高臺，激叛將鬥越椒列陣決戰。在鼓聲的刺激下，鬥越椒披掛出陣。楚莊王的弓箭手早有準備，鬥越椒在劫難逃，咽喉被一箭刺穿，叛軍大敗。戰況傳到隨國，隨軍不戰而降。

↑ 擂鼓墩

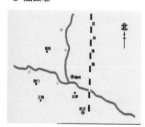

↑ 隨州地圖

戰國時代，陰陽五行學說盛行。《淮南子‧天文訓》用五行與五方、五色相配，將五位古帝各就各位。中央土也，其帝黃帝，南方火也其帝炎帝，相傳隨州就是華夏祖先炎帝神農的故里。當年炎帝大戰黃帝血戰疆場後，放棄征戰，轉手耕種，琴瑟便是由他發明的。他削桐為琴，煉絲為弦，製成最早的琴瑟。有一天炎帝

↑ 甬鐘旋上猴頭龍鈕

讓素女彈奏五十弦之瑟，那憂鬱的旋律，令炎帝悲傷不已，他命人將瑟破開變成二十五弦琴。這便是為什麼晚唐著名詩人李商隱的詩中是「錦瑟無端五十弦」，而出土的古瑟卻多為二十五弦的原因。

上面提到的隨縣就是今天的湖北省隨州市，地處黃河與長江的中間地帶，是長江中游地區通往中原和關中的出口，距武漢市一百五十五公里，漢丹鐵路由此經過。「六王斃、四海一」，當年秦始皇統一中國後建立郡縣，隨縣就隸屬南洋郡。此後王朝更迭，隨縣便成為兵家必爭之地。那時的隨縣，車轔轔馬蕭蕭，弦歌之聲千年如鈴。今天，擂鼓墩的村民們在早已經習慣的風景中，代代相傳著祖輩的傳說。

一九七七年九月，湖北隨縣東團坡。武漢中國空軍後勤某部因修建兵器廠房需要平整山坡地帶。但這個地方的紅沙岩出奇堅硬，

↑ 隨縣六國地圖

↑ 發掘工作開始時的場景（一九七八年五月
十一日開始發掘）

只能採用炸藥爆破。這一片奇怪的土質，引起了一位名叫王家貴的軍人的注意。他是一名考古愛好者，讀過許多考古方面的資料。面對這一片黃黑相雜的土質，一連串的疑問湧入他的腦海：這土是不是就是考古書上所說的五花土？它下面會不會埋藏著一座古墓？漢墓馬王堆不就是在挖戰壕時發現的嗎？對照土質，王家貴翻閱了大量資料，他為自己的猜測激動不已，因為他隱隱感到，一個久遠的秘密就要被揭開了。

王家貴是個有心人，從施工開始到發掘結束，他每天都記著詳實的日記。後來這個地方被考古工作者稱為隨擂M1，M1即一號墓，是考古者給這個大墓命名的代號；隨，即湖北省隨縣；擂，是因為當地居民把這個緊靠古墓的土丘叫做擂鼓墩。

王家貴（當時任武漢空軍雷達修理所副所長）：一九七七年的一月底的一天，大概就是二十五號，我在現場看打眼放炮，當時民工社員在挖土方。他邊挖土方邊在講，今天看運氣好不好，昨天我們的運氣還不錯，挖到了幾塊廢銅爛鐵，就拿去賣了。當時我聽到，就問他挖到了什麼。他說挖到了幾塊廢銅爛鐵，已經變黑了，拿到城關鎮賣了。我說賣了多少錢，他說賣了四塊八毛錢。我說錢呢，他說我們買了幾包煙（黃金龍、大公雞）抽了。當時我聽到就

火了，我說你簡直混蛋，這是國家的寶貝！你怎麼拿去賣了。我說，賣到哪個廢品收購站了。他說賣到隨縣城關廢品收購站了。我說

↑ 二十八宿天文圖像衣箱

趕快給我追回來。當時部隊沒有車子，只有一輛吉普車還出去了，我就向司務長借了一輛自行車，趕到隨縣城關鎮廢品收購站。很遺憾，去晚了一步，賣的廢品當天下午已經拉走了。

民工們挖出的這些廢銅爛鐵，叫車㝵，是用來管住車輪的軸頭。在當時，大型貴族墓葬旁邊，一般還會埋有一座車馬坑。來賓饋贈的車馬或車器、馬器就埋藏其中。由於破壞殆盡，這座車馬坑已經失去了完整的研究價值。

褐色土和舊銅器之謎，一直困擾著王家貴。一九七七年十一月，王家貴第一次到隨縣文化館彙報了施工中的發現和疑為古墓的情況。得到的答覆是，沒關係繼續放炮吧。

↑ 長枚甬鐘

施工繼續進行，打眼、推土、放炮。東團坡土丘又被推去了一米，褐土的黑色成分繼續增加。王家貴命令民工嚴格控制裝藥，打眼深度不得超過六十公分。同年十二月，王家貴再次來到文化館進行彙報。得到的答覆仍然是，沒關係，繼續推土吧。

王家貴：心裏總是不踏實。為什麼會出現這種黃褐土？這個褐土之謎，一直縈繞在我和鄭國賢所長的腦海裡。鄭國賢所長讓我一定要注意土質的變化，看是否還有其他什麼痕跡。於是我就採取了措施，給現場的施工人員，包括挖土的、打眼的、放炮的工人，一個一個開個小會，要求他們一定要把土質的變化隨時告訴我，我每天都來看一看。

施工仍在繼續，更為奇特的情況出現了：從十米深的土層中竟然炸出了青石板。一九七八年二月，王家貴第三次來到文化館彙報情況。文化館曾接受過短期考古培訓的王石震同志，進行了勘察，初步認定是一座古墓，馬上電告省博物館。

譚維四（著名考古學家、原湖北省博物館館長）：一九七八年春節以後，我們的傳達室傳來一陣呼叫聲，「譚隊長，長途電話。襄樊市來的，有急事要找你」。 到一九七八年，我在湖北文物工作隊當隊長已經二十年了。根據我的經歷，一到冬季，農田水利基本建設當中，常會發現古墓葬等古文化遺址。所以如果深夜下面的同

↑ 鐘舞部對峙蟠龍鈕

志找我，無非兩種情況：或者是報喜，有重要的發現，發現好文物，好墓葬或重要遺址了；或者是報憂，基本建設把大墓挖壞了。

郭德維（楚文化研究專家、原武漢市社科院楚文化研究所所長、教授）：突然接到單位發來的電報，說發現了一座比當時湖北發現的最大的楚墓天星觀一號墓還要大三倍的墓，我感到很吃驚。因為天星觀已經是非常大的木槨墓了，在全國也算是第三大木槨墓。最大的木槨墓也就是大約8.8×8.8米。一個在湖南被發現，另一

>>> 歷·史·典·故 >>>

【一鳴驚人】
　　楚莊王即位後，整日玩樂，三年不理朝政，還下令殺死勸諫者。忠臣伍舉仍試圖勸諫楚莊王，就給他出個謎語，說：「南方的山中有隻鳥，三年不飛也不叫，這是什麼鳥？」此謎也深含試探之意。楚莊王當然明白，因為他這三年並非真的荒疏國政，而是借機分辨忠奸的，如今時候已到，便說：「這不是隻普通的鳥。此鳥不飛則已，一飛沖天；不鳴則已，一鳴驚人。」果然，楚莊王開始整頓內政，外爭霸權，終於一鳴驚人。

>>> 中·外·名·人 >>>

■左丘明
　　（生卒年不詳）春秋時史學家。雙目失明，曾任魯太史。相傳曾著《左氏春秋傳》，又傳《國語》也出於其手。

■埃斯庫羅斯
　　（Aischylos或Aeschylus，約前五二五—前四五六）古希臘三大悲劇作家之一，有「悲劇之父」之稱。劇作《被縛的普羅米修士》意在頌揚雅典民眾反抗貴族的專橫。

⬆ 大墓揭開時的現場照片（一九七八年五月
十七日凌晨）吊開槨板

個在河南信陽被發現。按電報所說，現在發現的比天星觀還大一點，8.2×7.75米，非常可觀。有這麼大的木槨墓嗎？一方面我感到非常吃驚；另一方面懷疑可能是電報弄錯了或報告弄錯了，因為以前曾有把三個墓當作一個墓的情況。

事實上，經過幾千年的變遷，地貌的形態也會發生變化，進而形成這樣的局面。不同年代的墓重疊或連接在一起，很容易讓外人誤以為是一個大墓。

王家貴：三月五日，襄樊市文化館來了四個人，一個叫王少泉，一個叫劉炳的，還有兩個鑽探工。四人一起去勘察了現場並聽了彙報的情況。在勘查過墓的分界線後，王少泉說，這是一座墓，墓很特別。以前沒聽說也沒見過那麼大的墓。你們現在還是暫停施工，停止放炮。

張昌平（湖北省文物考古研究所研究員）：古代人如果要在一個地方埋一個墓葬的話，首先要在這個地方挖一個坑。這個地方以前的土是沒有動過，把坑挖出來以後，這個土和以前的不一樣了，這是一個基本的點。另外，不是有所謂的堆起來的封土，它是堆上去的。我們如何發現這些墓葬呢？首先做地面調查，如果這個地方的土是堆起來的話，它和原來真正的山包是不一樣的。因為堆起來的是和原來不同性質的土混到一起了，這就是我們所說的花土。

從地表發掘下去，依次看到的是表土、五花土、黃褐夯土、青灰土、石板、青膏泥和木炭。對考古人員來說，大地質下有一個神秘層，它是由土質的奇異特徵和變化構成的。

張昌平：要進一步確定它的範圍有多大，是什麼形狀。我們用

一種叫洛陽鏟的工具進行勘測。它就像一個竹筒樣的鐵鏟，打下去，可以把底下的土帶起來。我們要看帶上來的土是不是前面提到的花土。如果是花土，就證明是墓葬裏面的填土；如果打出來以前是沒有動過的土，也就是生土，即很早以前自然沉積下來的土，就不會是墓葬的土。這樣的土，密值非常非常大，土色很純。用這樣的方法，可以判斷墓葬的範圍。

王少泉：由於墓的規模很大，與修理所的領導商量，第一，要保護現場。第二，不再放炮，在東西長二十米，南北寬16.5米這個範圍內不要放炮。這個範圍是大致上的範圍，儘管不精確，但大致範圍是準確的。第三，向上級領導請示。所以一共三點：保護現場、停止放炮、請示領導。

↑ 鐘舞部對峙蟠龍鈕

⬆ 爬獸銜環裝飾局部 位於銅人柱座

譚維四：石頭山上出現了大片的土地，裏面肯定是會有文物古籍或者是墓葬。第一，向地委、向行署報告，請他們出面讓部隊馬上停工保護現場。第二，先電話通知隨縣，讓他們停止放炮，絕對不能再放炮了，一定要停下來，再放炮就會使地下文物受到損失。第三，電話可能報告情況不準確，你現在馬上帶幾個做鑽探的技術人員去把情況弄清楚。弄清楚後再給我打電話，我隨後就到。

❹ 編鐘架下層橫樑青銅爬虎套環

可是，它會不會也是一座假墓呢？當年楚國進攻隨國時，一位將軍戰死在隨縣境內，竟埋了三十二座假墓。周圍的老人講，這裡從前是一座廟，可土丘已經推去了八年，仍不見磚瓦和廟基，恐怕眞是一座古墓。如果是，又會不會是潛埋虛葬

呢？十六國北朝時期，社會動盪不定，爲了保守秘密，在上層統治者中非常流行一種特殊的葬式，即把墓主的屍體潛埋他所，備禮儀文物虛葬各處，這就是潛埋虛葬。傳說曹操就曾潛埋虛葬七十二處。自古隨縣就是戰略要地，在這塊兵荒馬亂的土地下，會不會埋著一位千年貴族呢？

擂鼓墩周圍幾平方公里的範圍內，埋藏著東周以來大量的古墓，後來這裡被命名爲擂鼓墩古墓群。

楊定愛（湖北省文物考古研究所研究館員）：現在看來，這裏有幾個連綿不斷的墓葬排列。這樣的墓葬排列，按當時的埋葬制

↑ 銅人柱 位於編鐘架下層右端

度來看,是按昭穆制度(古代宗法制度規定,宗廟的排列次序必須是始祖廟居中,以下父子(祖、父)遞爲昭穆,左爲昭,右爲穆。祭祀時,子孫也按照這種規定排列行禮)排列的。左昭右穆,一代一代往下排下去的。如果從這個角度看,當時這塊應該叫做公墓區,是當時所謂的公侯、君主這一級分布在這一帶,可能一直到隨縣擂鼓墩。

楚國的貴族們爲什麼把墓葬群選在這裏?受氣候地理條件的制約和民族心理傳統的影響,楚人往往喜歡選擇山丘高地,特別是南北走向的崗丘爲墓地。這與中原的墓葬習俗迥然不同。中原人盛行在地勢坦蕩、氣候相對乾燥的平地掘穴建墳。當時擂鼓墩附近的居民紛紛議論,這片被疑爲古墓的風水寶地,會埋著什麼寶物呢?會有長沙馬王堆漢墓那樣顯赫的墓主嗎?

王家貴:我記得很清楚,那天還下著雨,細雨,我們派了吉普車到火車站接他們。一下車,就是現在的譚教授(那時候還不知道姓什麼,一問說姓譚),他們一共三個人,下車以後,我簡單地把情況以及整個發現的經過向他們進行了彙報。還沒有等我講完,他們就直奔施工現場去看,找了個鍬、釬子,在那兒戳,挖地幹起活來。

譚維四:當天我們就用洛陽鏟連夜鑽探。鑽探的結果證實的確是一座古墓,而且是一座很大、很特殊的墓葬。它的特殊主要有兩

⬆ 編磬架上的怪獸立柱

點：一是這座古墓是沿著石頭山上挖的
坑，這在湖北過去是很少見的。另外，它
的形制很特殊，與平常的古墓不同。一般
古墓多為長方形，或是「亞」字型，或是
刀把形。而這個古墓是個多邊形的，這是
比較少見的。

　　當初建造這樣的多邊形墓穴，是以什
麼為依據的呢？研究人員在歷年發掘的古

【瓦當】
　　即瓦擋，是中國古代建築
簷頭筒瓦前端的遮擋。東周瓦
當一般為泥質，燒製溫度較
高，質地堅硬，呈青灰色，有
半圓（簡稱「半瓦當」）和圓
形的兩種。半瓦當最早為西周
遺存，圓瓦當是從半瓦當發展
而來的。圓瓦當始見於戰國早
期遺址。東周瓦當的圖案有動
植物圖案、雲紋以及動植物變
形圖案等。

≫≫≫ 中·外·名·人 ≫≫≫

■范蠡
　　（生卒不詳）春秋末政治
家。助越王勾踐刻苦圖強，滅
亡吳國。又認為物價貴賤的變
化，是由於供求關係的有餘和
不足。其言論見於《國語·越
語下》和《史記·貨殖列
傳》。

■克里斯悌尼
　　（Kleisthenes 或
Cleisthenes，前六世紀後期）
古雅典政治家、首席執政官。
進行改革。實施貝殼放逐法
等，雅典的民主政治確立於此
時。

⬆ 建鼓座

墓記載和歷史文獻中尋找著答案。一般來說，墓穴地形形制，很可能是根據墓主的房屋形制建造的。

張昌平：建造這樣一個多邊形的墓葬，是一種刻意的追求。就應該是一種多邊形，而不是很隨意做出來的。因為它的耗工更大，並且還要和它做的槨室相吻合。我們鑽探的結果是底下有槨板，我們用探鏟打，把地下的木紋打出來。從它底下探出來的木紋可以分得出木板，這個木頭有走向：有直線、橫的有年輪、木紋的軀體有直紋。由此可以判斷出槨板是什麼方向。經過鑽探，可以把墓槨的四周木邊找出來。探下去以後，探得不很深，最深的地方兩米多就探到槨板了，最淺的大概只有七、八十公分。這個時候我心裏捏了一把冷汗，真危險，再往底下放幾炮，槨板就炸飛了，下面的情況怎麼樣就很難說了。

同為東方古國，為什麼埃及的金字塔要選用石料建造，中國的帝王墓卻選用木料。

郭德維：很大程度上，材料是就地取材。另外，它還與風俗信仰有很大的關係。

古代的墓葬藝術，東西方差別很大，東方恢宏壯美，西方簡約精緻。像埃及的金字塔，每一座都是一個帝王墓。金字塔群就像中國的十三陵，工程浩大，豪華奢侈。與此相反，西方帝王的墓很簡單，他們很多實行火葬，墳墓一般很小。馬其頓國王的骨灰，只用一個精美的小金盒子盛放。

墓葬建築也是中國建築的一部分。領先的墓葬文明反映出了高超的建築水準。中國的傳統建築，一般為木結構。通過墓葬研究發現，在磚砌方面，中國建築也達到了相當水準，防潮、防濕以及利用周圍環境等技術在當時都是世界領先的。

朱龍華（北京大學歷史系教授）：在我們中國的建築傳統上，特別是地面上的建築都是木製結構的。毋庸置疑，我們的建築非常美麗，由於是木構的，我們可以使用油漆，五顏六色、金碧輝煌的。這就使得一般人都認為中國主要的建築技術都表現在木結構不斷的發展上，如斗拱的變

【愛國商人弦高】

秦穆公為向東拓展疆土，派孟明視、西乞術、白乙丙三大將，帶領兵車三百乘偷襲鄭國。鄭國商人弦高在去洛邑販賣牛隻的途中得知秦軍攻鄭的消息。當時鄭文公剛死，國內正大辦喪事，定未備戰，焦急之中，弦高卻有了主意。他一面派人抄近路回鄭國報信，一面挑出四張牛皮和十二頭肥牛，冒充鄭國國使者去面見秦將孟明視，說：「鄭國國君聽說將軍帶兵路過此地，特派我來慰勞。」孟明視很吃驚，以為鄭已知道了發兵消息，就詭說此行是攻打別國的。弦高使鄭國免去了一場災禍。

■孟子

（前三七二—前二八九）戰國時思想家、政治家。認為人性本善，具有仁義禮智等天賦道德。其思想對後世儒者影響很大，被認為是孔子學說的繼承人，有「亞聖」之稱。

■德謨克利特

（Democritos，約前四六〇—約前三七〇）古希臘哲學家，提出唯物主義的「原子論」學說和人們認識事物的「影像說」，被馬克思、恩格斯稱為「經驗的自然科學家」。

⬆ 尊盤

化、屋簷的變化以及建築群體的設計。這些固然相當重要，但作爲
另一方面的磚砌的建築，用拱造型的磚砌的建築，在中國也有很大
的發展。這在以往是注意不夠的。而通過墓葬的發現，補充了中國
建築的另一個重要的方面，墓葬在地下，墓室的結構、墓室的器具
都是反映出中國人對這些問題有很深入的研究。特別是最近還提
到，我們的墓葬對周圍的自然環境水源的影響以及墓葬本身怎麼樣
避免水土的侵蝕，也都有很深入地研究。所以才能夠出現像馬王堆
那樣剛發現的時候還沒有受到侵蝕的墓葬。這個在古代歷史上是很
少見的。特別是在南方，像長沙，是很潮濕的地方。古代埃及的墓
葬比較多，而且還能夠發現保存較好，與氣候很有關係。埃及基本
上是一個沙漠，長年不下雨，所以墓葬的東西能夠保存下來。而我
們中國的墓葬，有很多是在很潮濕的地方，而且挖在地下。我們不

⬆ 罐

僅可以用磚土蓋得很好，而且還可以完美的防潮、防水、甚至防其他物質侵蝕的技術。這都是非常了不起的。

枯黃的草葉，像往年一樣，搖曳在深秋的山坡上，踩過這裏的人們不曾想過腳下發生過的故事。年復一年，大概只有這交替生長的野草，知道的更多。

在隨縣，考古工作者通過一種叫洛陽鏟的工具初步斷定了這座古墓的建造年代：早不過春秋，晚不過秦漢。那麼建造年代如此久遠的這座古墓，會歷經兩千多年而安然無恙？而洛陽鏟這種考古工具，是用來探測土質，中國的科學考古發掘工作只有七十多年，而盜墓的歷史已有二千多年。

郭德維：洛陽鏟前端是個馬蹄，那個形狀像馬蹄。這些是盜墓者發現馬跑過來以後，馬蹄上帶起了好多土。於是，就根據這個設計出洛陽鏟，在河南洛陽盜墓。洛陽鏟開始並不是圓的而是半圓形的，以適合洛陽的土質。洛陽的土是沙子土，用洛陽鏟一帶就帶起來了。所以實際上，洛陽鏟開始是用

>>> 天·工·開·物 >>>

【東周的度量衡】

東周時期爲便於商品交換和徵收賦稅，度量衡的應用更爲廣泛、統一。齊國陳氏奪取政權後，把容量單位制由四進位改爲五進位，並制發了標準量器。現存的子禾子銅釜，器上有銘文，記載了明確的計量制度和管理措施。西元前三五六年，秦國商鞅變法，在徹底廢除井田制的同時，進行度量衡方面的改革，擴大了畝積制，行「平斗桶、權衡、丈、尺」之法，並在西元前三四四年頒發了標準量器——商鞅銅方升，爲後來秦始皇統一全國度量衡打下了基礎。

⊕ 九鼎八簋局部

於盜墓的。

俞偉超（著名考古學家、原中國歷史博物館館長、教授）：發掘墓的時候，如果墓挖開了，裏面有些洛陽鏟探的圓的洞，這些洞又不是發掘者去鑽探，那就是在不久以前有人在這裏探過墓，這個墓一定是被盜了。當然判斷這墓是否被盜，也不完全看是否被洛陽鏟探過。因為盜墓有盜洞，盜洞的土的顏色與周圍的土顏色不一樣。所以我們確定一個墓是否被盜，就是把地面揭開以後，看是否有盜洞。山西鳳翔有一個春秋時期秦公大墓，墓非常大，是我們目前發掘面積最大的一個墓。一開始揭開的時候，盜洞二百多個，二百多次被盜。到最後只剩下幾十個了，沒盜到底就走了。等到底下，大墓已經被盜得空空如也，沒有剩下多少東西。

譚維四：研究墓葬埋葬，首先是看這個墓是否被盜了，因為有些地方，如洛陽、長沙過去都有這種情況，有的古代墓葬被後人盜了。盜墓的原因很多種，如政治性盜墓：像楚平王的墓，伍子胥打回郢都後還鞭屍，把楚平王的墓挖了。那是政治性的。還有的盜墓就是盜竊，為了挖寶，盜寶。如果說，我們要提出一個怎麼保護、怎麼搶救文物，先得看有沒有盜洞。

考古學家譚維四說，每次看到盜洞四周散落的殘片，都感到像

是親人遭受了欺凌，不僅痛心，而且屈辱。從前越來越遙遠，文明被打成碎片後很難拼接，在創造歷史的同時，今天也正慢慢變成歷史。今天，盜墓依然存在，歷史最悠久的地方，就是盜墓最猖獗的地方，希臘羅馬的古墓，幾乎全被盜過；埃及金字塔大都被洗劫一空。在中國各地，也都有古墓被盜的記錄，湖北省內的古墓大量被盜。那麼這一次，在充滿傳說的隨州城，等待人們的又將是什麼呢？

<2> 侯 爵 魅 影

一九七七年十月，湖北省隨縣，中國空軍後勤某部在施工中意外地發現了一座千年古墓。經過七個多月的準備工作，湖北省最有實力的考古人員開始雲集隨縣。對大墓進行發掘需要許多人手，當時湖北省的許多縣都派出了考古志願人員，以協助挖掘工作。人們不計報酬，都認為所從事的是一件光榮的事業。

馮光生：一九七八年三月份，是我人生的一個重要的轉捩點。儘管在當時我沒有完全意識到，後來回想起來，那確實是對我這一生非常重要的一個月份。在這個月，我開始接觸一個很陌生的領域──考古。當時通知我去參加考古工作的時候，我的基本印象是，苦。

經過勘察，確認這是一座春秋戰國時代的貴族墓葬。從墓葬的形制以及精心構築的墓葬結構來看，這位墓主人的身分十分顯赫。我們憑藉想像，虛構出在二千四百年前這裡曾經發生的事情──大約在戰國早期，一場規模宏大的葬禮在這裡舉行。

對大墓的勘察工作已告結束。按照慣例，考古人員在發掘隨縣大墓以前，必須得到國家文物局及上級領導的批示。當時湖北省委書記是韓寧夫，對湖北省的考古工作一直很重視。

譚維四：鑽探勘探完了，勘探小組的同志都同意我的意見。我說定名為擂鼓墩一號墓（M1）。於是我們連夜寫了一個《隨縣城郊公社擂鼓墩發現一個大型墓葬》的勘探簡報。二十二日在雷達修理所的接待室裏把這個報告定稿，定稿後王振民同志畫圖，把報告寫好了。省地縣三級都同意了，就以省地縣聯合勘探小組提出了意見。做了以下幾個估計：（1）現在發現了一個墓，規模很大；（2）現在解放軍保護下來了，停工了，這個墓上面已經遭破壞，現在必須進行搶救性發掘。所以建議組織一個強有力的發掘隊，立即進行搶救性的發掘。二十三日，由王振民同志把圖畫好了以後考證，考證後，二十四日，報告就送出去了。

王振強（當時任省委秘書）：很快報告就有了回音。當天上午十點多鐘，我通知博物館的同志把他這個批件取走後不久，韓寧夫又找到我，囑咐我給博物館的譚維四同志打一個電話，要他們先向國家文物局把情況報告一下子，請求發掘，隨後再送正式報告。同天，請省文化局與省革委會寫了一個關於隨縣擂鼓墩古墓發掘問題的正式報告。經過韓寧夫同志審查同意以後，在當日把報告轉給了國家文物局。

發掘工作的第一筆經費

↑ 簋

是四萬元，這在當時是一筆不小的數目。同時，發掘工作的領導班子也迅速成立了。

邢西彬：根據韓寧夫同志的指示，經過我們研究，確定以譚維四同志爲隨縣擂鼓墩古墓發掘隊隊長，由他帶隊。爲了順利地完成工作，經過省政府批准，組織了一個隨縣擂鼓墩古墓發掘領導小組。隨即發掘工作全面鋪開。由於古墓的位置，在空軍雷達修理所的管轄範圍裏，所以我們能看到很多軍人的身影，當時軍隊給發掘工作予以極大的支援。駐守當地的陸軍

⬆ 鼎形器

提供了載重卡車；空軍調用了直升飛機；炮兵提供了重型吊車；空軍雷達所更是從後勤方面鼎力協助，考古人員就駐紮在營房裏。

王家貴：大部隊發掘人員來了以後，我們就騰出了房子，基本上東邊的房子都給他們騰出來了，還有就是騰出來一部分倉庫和車間放文物。後來文物越來越多，原來的屋子放不下，就把原來住在裏面的人，搬到前面一個教導隊的駐地。教導隊是武漢軍區空軍雷達幹部教導隊，當時的隊長叫黃國際。黃國際當時和後來出了很多力。院子裏人多了，發現吃飯時食堂擺不下了。前面他們的

>>> 中·外·名·人 >>>

■莊子

（前三六九—前二八六）戰國時哲學家。曾爲漆園吏。其學說繼承老子思想，有自己的特點。大體上說他的思想核心是相對主義，表現在政治上則爲無政府主義。著作有《莊子》。

■蘇格拉底

（Socrates，前四六九—前三九九）古希臘哲學家。在歐洲哲學史上最早提出唯心主義的目的論。經常在公共場所談論倫理問題。

學員和雷達幹部教導隊的學員就提前畢業把學員宿舍讓出來給發掘
人員住。學員的食堂，就改為發掘隊的食堂。

譚維四：派了電影攝影師，還有博物館的一個攝影師，叫潘炳
元。這是個老攝影師，當時已經年過半百了，也跟著飛機一起到達
現場，做了一次試飛。一試飛，隨縣引起轟動，四面八方人一下子
都湧向墓坑，把墓坑包圍得水洩不通。

王家貴：我主要是負責安全保衛和後勤保障工作。從發掘我們
就開始站崗，部隊基本就從這個時候，全力以赴就沿途站崗。

剷除掉堅硬的地表皮和身後鬆軟的五花土，考古者開始清除厚
重的青膏泥。

俞偉超：木頭、棺材、木槨埋進去後，擱了很多白膏泥。就是
像瓷器瓷土一樣，有的粗點，有的細點。它密封，能把空氣基本隔
絕。這樣很多有機物就不會腐爛，絲織品、漆器、木器以及注解文

↑ 四環鈕蓋鼎

字也可以保留下
來。北方沒有這種
白膏泥，不密封。
今天下雨，明天漏
水，後天又乾，東
西就會全部腐爛。

在青膏泥和薄
板之間，考古者清
理出來的木炭竟有
六噸之多。當地有
的老百姓傳說，這
些木炭可作為藥
用，甚至還有人
說，吃了可以延年

❶ 曾侯乙墓的俯視全景照片

益壽，所以有許多人前來抓取。而木炭也在考古研究的範圍內，於是被及時運走了。這個墓穴沒有墓道，也沒有多級臺階，明顯不同於楚國的大墓。進入戰國以後，楚國大墓都要修建墓道，以方便器物和勞工通行，如果是沒有墓道，墓坑中有大石板，這樣的習俗又與中原地區的葬俗一致。

覆蓋在大墓之上的槨板，已清晰可見。為拍攝大墓的俯視全景也著實費了一番工夫，因為當時沒有一個合適的制高點，所以只能從高空拍攝。

余義明：拍這張照片比較驚險的就是，我當時跑到直升飛機上的圓孔裏頭，兩個腿掛在裏面拍，沒有安全帶。現在回想起來也覺得比較危險。我本來搶了一個安全帶，後來我想拍電影的同志要扛那麼大的機器，而我只有一個相機，很輕鬆。於是就把保險帶給了他。拍的時候，直升飛機那兒有一個油桶，就這麼拍不行。有時候那個反光相機，又非得這樣看。最後我只好把身子探出去，等飛機飛穩了，兩腿掛著，在外面伸出來拍。飛了兩圈，拍了兩張。有一張正好位置，正好與地圖一樣的，非常好，後來那張照片用得比較多。

從大墓的俯視全景照片，可以看到覆蓋在墓穴上的巨大的木製槨板，共一百七十一

根。覆蓋在墓穴之上的槨板與墓穴四周的墓牆，由一根根巨大的方形木條疊建而成。如此之大的木條是由一根根粗壯完整的梓木樹砍鑿而成的，沒有發現鋸和刨的痕跡。可以想像，當時耗費了多少工匠的氣力。

經探查，墓穴中以矩形槨板疊建成四個空間，考古工作者把這四個空間稱爲東室、西室、北室和中室。考古工作者還發現，盜洞已打在墓穴的中部。可見古代盜墓賊的勘測是十分準確的。

譚維四：二十日、二十一日查清楚確實有個盜洞。我們沿著這個盜洞往下掘，發現這個盜洞一直盜到槨板，還把一塊槨板斬斷了一節。大概斬斷約八十釐米。這個槨板的寬度大概是五十五釐米。斬斷的槨板就歪下去了，上面的石板也掉下去了，也掉到墓坑裏面去了。

↑ 圖鑒

對考古工作者來說，前期的準備工作是相當巨大而且又是非常細微的。但在一九七八年，發掘工作所需要的物資還比較貧乏。

郭德維：那時是計劃物資，有些甚至是戰略控制物資，花錢也買不到。舉例來說，當時我擬了一個計劃，有的是一類計劃物資，打個記號，二類計劃物資也打個記號。像肥皂、衛生紙這些東西也都是需要計劃的；其餘的大米、肉、油也是要計劃的；還有特別是木材、鋼材、鉛絲更是要計劃；汽油、電纜線則控制得更嚴了。在這種情況下，即使有錢也買不到，要一級一級往下批。

當年的物資準備清單，無論是項目還是數量，都經過了極其周密的預算。從中也能看得出無處不在的精打細算。

這天凌晨，隨著重型吊車的轟鳴與指揮人員的口令，第一塊槨板離開了墓穴。也就在這一刻，人們的目光焦點匯集起來。令人驚訝的是，槨板下竟盛滿渾濁的泥水。這盛滿墓穴的水又是怎樣形成的呢？

譚維四：把這塊吊起來以後一看，裡面是泥巴。就是盜洞下陷的淤泥，把底下的東西堵住了。還有水，泥和水。這些泥和水給考古隊的一些隊員帶來了心理上的

⬆ 尊缶

疑惑。特別當地的一些官員就說，這麼大的規模、這麼大的墓葬，天上直升飛機，地下車水馬龍，旁邊這麼大的吊車，動用這麼多人力，只發掘這一坑泥巴一坑水將來怎麼辦？也有好心人提醒，「老譚，可得注意，將來得花多少資金，花多少人力挖個空空的東西怎麼辦？」我說，不要緊，沒有關係，我們考古發掘有科學的操作規程。開始發掘就要堅持到底。考古不是爲了挖墳取寶，什麼也沒有，就是一坑泥一坑水，也得把泥和水清出來以後，把這個墓葬用了多少槨板、槨室怎麼構造的弄清楚。這本身也是考古發掘資料。何況這麼大的槨，我們在湖北沒有見過。

抽水機開始緩慢地抽出墓穴中的積水，當時人們的求知欲望只能得到一點點滿足。隨著槨板一塊塊被啓開，人們首先看到了浮出水面的棺材。

譚維四：清理的結果看到這些都是陪葬棺。棺裏面有的是一個席，一個竹席裹了一個屍骨，竹席大多數已爛，少數的還有。骨頭基本齊全，也沒有發現刀砍斧傷的痕跡。二十一具陪葬棺裏面，分別是二十一名陪葬女。經推測，她們的年齡在十三歲到二十六歲之間。生前她們是什麼樣的女子呢？爲什麼在以人陪葬的習俗已經衰落的戰國早期，她們還這樣被大批陪葬呢？

譚維四：出來以後，考古隊內部和參觀的人，包括各級領導都說，爲什麼在這個墓葬裏埋這麼多墓棺？埋這麼多墓棺是幹什麼

⬆ 爐盤

的？這墓棺裏面的人又是幹什麼的？她們是
怎麼樣埋進去的？是殺死以後埋進去的，還
是活埋，或還有其他的情況？這個時候，考
古隊的內部也有爭議，大家都在思考這個問
題。雖然是一片淒涼的景象，只有棺和棺裏
面的屍骨，但如果研究好了以後能夠解釋這
個問題的話，以考古學來講，對研究古代社
會的歷史還是很重要，特別是處在奴隸社會
封建社會轉變的時期的春秋戰國時代。

　　按照預定方案，發掘工作進入第三步：
排除積水，清理淤泥。由於積水彼此相通，
東西北中四間槨室必須同步清理。這時出現
的第一個器物——漆木盒，盒身雕成鴛鴦形
——漂浮在稀釋的水面上。開始人們沒有看

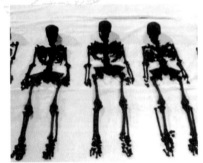

↑ 西室殉葬女骨架

↑ 考古發掘中出現的第一個器物　鴛鴦漆木盒

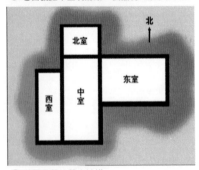

↑ 曾侯乙墓的墓室結構

到它的鳥頭，後來在一隻陪葬棺中，才把它找到。這說明，它是屬於一位陪葬女的物品。鴛鴦漆木盒上面的彩繪圖案，直到今天仍然十分絢麗，這顯然是哪個女子生前最值得珍貴的禮物，至死還攜帶著。她平時用這件器物裝了些什麼呢？我們不得而知。

這件文物的造型，在一九八〇年被選爲一張郵票的圖案。

在東西南北的方位上，古人認爲東是比較理想的，以東爲貴。因爲東方是太陽升起的方位。墓穴中的東室顯然比西室大得多。這裏就是墓主人的寢宮了。墓主棺就陳放在這裏。墓主棺分內棺和外棺，外棺長3.2米，寬2.1米，高2.19米。由青銅澆鑄的金屬構架經過精確的榫接，構成了外框的框架，它具有牢固的支撐作用。構架的設計十分合理，製作工藝也異常考究。有心者可以發現，這些工字青銅構件的型號，竟與現代工字鋼材的型號是一致的。當墓主棺重見天日的時候，考古人員驚異地發現，它是傾斜地安放著。這在當年下葬的時候，不可能是有意所爲。從下葬的風俗來看，這樣的狀態也是最不吉利的兆頭，更況且

它的傾斜竟達到了三十度。外棺的蓋板已經開啟八釐米，從極大的縫隙中可以看到內棺的外形。這是怎麼回事？在當年下葬的時刻，一定發生了一樁人們意想不到的事件，我們憑藉猜測，想像當時的情景：

⤴ 彩漆蓋豆

巨大而沉重的主棺，被一寸寸地懸放下去，奴隸們的神經，如同一根根緊繃的麻繩。要想把重達七噸的主棺降入十幾米深的墓穴中，絕非一件易事，要經過事先極其周密的計算才能做到。突然一根麻繩崩斷了，災難降臨，巨大的主棺受力不均，猛然向東北方栽下去，外棺的一個銅角狠狠地插入墓角中。這一刹那間的災難，震驚了所有在場的人。

我們無從考證那個巨大的災難是如何平息的。二千四百年過去了，這個掩埋著的秘密，只有天知道。陪葬棺被小心地吊出來，正如譚維四預言的那樣，由於盜洞的干擾和水的侵入，墓中的屍體已不可能保存良好。但也正由於水的原因，大墓中的棺槨等文物，未受到迅速氧化，而是最大限度保持了它的原樣。

譚維四：這樣，確定從十七號開始吊棺。開始時是白天吊，第一口棺吊起來以後，到處都是人，人山人海的。棺吊上來以後要轉

⊕ 杯形器

移到室內來清理。汽車、載重汽車、吊車停在旁邊,人站在浮橋上面,把棺上面用拾來的水都洗乾淨,在棺材底下,托上一個候補托板,然後把它捆好。不能用繩子捆,會捆壞。於是就用塑膠,上面蓋上塑膠泡沫,再用塑膠布纏上繩子捆好,然後把它吊起來。牽引繩繫在托板上面,托板上編上號。考古發掘很講究,這個科學記錄是很要緊的,還要弄清它的方向,是朝東、朝西或是朝南、朝北。在托板上都釘上牌子寫上號碼,棺吊起來。棺一吊,群眾都圍了過來,「吊棺材了,棺材裏有什麼寶貝啊?」大家蜂擁而上。我們要把這個棺運到室內去,車子一離開墓坑,一些群眾圍著跑,走到哪裏都是人。我們就來了個連環巧計,拖著一個棺材,在周圍跑了一圈以後,最後才把這些圍觀的群眾甩掉,這才把棺拖進來。由此想到白天不能再做了。有十具棺浮在水面,西室有八具,東室有二具。如果十具棺都用這個辦法,我們的工作負擔也變得很重了,也給群眾造成了很多很多撲朔迷離搞不清楚的麻煩,以後改在晚上吊棺。即使是

⊕ 外棺青銅框架

在晚上，也有很多堅持圍觀的人。

陪葬墓棺暫時陳放在大禮堂裏。為防止陪葬棺乾裂，保持相對穩定的濕度，考古工作者要經常往上面澆水。在大墓的發掘過程中，有個極其重要的問題，一直是個謎，那就是墓主人是誰。從陸續出土的文物中，考古者逐漸確認著墓主人的姓名與身分。銘文－這個刻在文物上的文字，使真相越來越明瞭。

從大墓出土的青銅禮器和用器一百二十五件中又發現了一百零九處銘文，幾乎都是「曾侯乙作持」字樣。大墓的文物中，「曾侯乙」三個字出現了兩百零八次。絕大多數的兵器中也都刻有曾侯乙的銘文。

譚維四：有一個「曾侯乙用戟」，它是由三個戈組成的。這個三

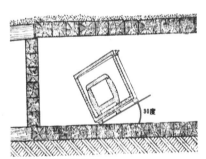

↑ 傾斜的外棺示意圖

↑ 外棺

個戈上面就寫著「曾侯乙用戟」。但是「曾侯乙用戟」這幾個字是什麼？是鳥篆文。就是在它這個具體的文字之外，還有一些鳥或者人的裝飾，鳥篆銘文除了有鳥、有人之外，還印了一些戟這種形狀，三個戈一個矛，或者三個戈來裝飾這個文字。三個戈上的鳥篆銘文其中有兩個是錯金的，拿出來以後金光閃閃的。所以程先生看到以後，高興得叫了起來了，「這裏有鳥篆錯金銘文啦，又是戟了。」在工地興奮得不得了。

由此可以推測，這麼多用具及兵器的所有者叫曾侯乙，也

就是說，曾侯乙是墓主人。

墓主人曾侯乙何許人？史籍無載。譚維四在後來的新著《樂宮之王》中披露：曾侯乙，姓姬名乙，不但是姬姓曾國國君，也是一位通曉音樂、天文曆法、冶金鑄造技術的傑出科學家。

戰國時期，尚武精神倍受弘揚。諸侯國的歷史也就是連綿不斷的戰爭時代。崇尚武力使民族得以生存與強大，使版圖得以鞏固和拓展，同時也使遠大的理想和抱負得以實現。戰爭極大地促進了生產力，快速而有效地推進了軍事技術的研製與應用。

兵器是曾侯乙墓出土最多的物品。共發現各類兵器四千七百七十七件，種類之全、數量之眾、綜合功能之強前所未見，足以完成一場當時的局部戰爭。其中遠射兵器居多，長桿兵器尤為特殊，且有極為罕見的矛狀車軎，這些都是用於車戰的武器裝備。出土時的箭鏃仍然異常鋒利，可以輕易地割裂一疊信紙。在大墓的北室，考古者發現了一種名為殳的兵器，上面刻有銘文。當時出土了七件殳、十四件晉。殳有刃，晉則無刃僅有銅

⬆ 曾侯乙墓發現的各種青銅兵器

⬆ 曾侯乙墓出土的車軎的剖面圖

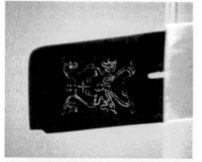
⬆ 在青銅戈的尾部由漢字「曾」變形而來的圖案

● 鴛鴦漆盒

套，兩兵器的桿均為積竹木，八稜形，外表纏絲線。其中三件殳刃部較長，一側的刃上皆鑄製篆書一行「曾侯乙用殳」，這是中國迄今為止唯一一次出土自名為「殳」的兵器。在這個墓發掘之前，人們對殳這種兵器的形象概念還比較模糊，它到底為何形制，一直因缺乏實物證據不得而知。一九五五年安徽壽縣蔡侯墓曾出土過殳，卻定名為三稜矛，後來才根據這個墓的考古成果予以正名，真正徹底解開了殳的形制之謎。

譚維四：春秋戰國時代，諸侯割據，戰爭頻繁。各個國家都在加強本國的兵器製造業。後來竹簡出土以後，我們又從北京大學中文系請來了裘錫圭教授和他的助手李家浩先生。我們在研究過程中發現，

>>> 歷·史·典·故 >>>

【臥薪嘗膽】
　　越國國君勾踐在吳國三年為奴，包羞忍恥，回越國後，立志報仇雪恥。他刻意睡在柴草堆裏磨練意志，並在吃飯的地方掛一個苦膽，吃飯時先嘗苦膽，以提醒自己不可忘昔恥。經過如此的發憤圖強，勾踐終於滅吳雪恨，並成為一代霸主。

>>> 中·外·名·人 >>>

■荀子
　　（約前三一三—前二三○）戰國末思想家。批判和總結了先秦諸子的學術思想，對古代唯物主義學說有所發展。認為人性本惡，注重環境和教育對人的影響。

■柏拉圖
　　（Platon，前四二七—前三四七）古希臘哲學家，蘇格拉底的學生。建立起客觀唯心主義體系，是歐洲哲學史上第一個有大量著作傳世的作家。著有《理想國》等。

竹簡裏面就有這方面的記載。記載著這個兵器，記載著一些車，一個車幾個人駕駛，拿什麼兵器。還有一個兵器，發現以後大家也很高興，還引起了一番爭論。這個兵器就是兵車上面的車軎，也叫車軸頭。但是這個車軎與平常的不一樣。平常的車軎是管車輪的，而這個車軎是平的。另外在這個車軎外面有一個矛，這個矛很鋒利。所以有人說是衝車，當時就有人說，相當於現在的裝甲車。

　　這種車軎的不同之處在於，它是鋒利的矛形的。矛身前端呈彎曲狀，矛刃有四道彎弧，它和車軸是連接在一起的。當車輪旋轉時，它便於剿殺車旁之敵。我們發現這樣的作戰兵器，在西元後四世紀的羅馬軍團所使用的戰車中也曾出現過。在中國進入了群雄相爭的春秋戰國時期時，也就是西元前二千年左右，古希臘和波斯之間，正進行著所謂的希波戰爭，冷兵器在戰場上發揮著重大的作用。從古文獻上，我們還沒有發現有關曾侯乙和他的國家的記載。但是從這個大墓中，我們可以知道，他所處的群雄時代，已經硝煙四起。從發現的眾多兵器中，我們可以想像，曾侯乙生前一定是一位很重視軍事的領袖。他熟知當時各類兵器的殺傷效應，也相信戰爭的作用。不然的話，他又何必攜帶如此之多的先進兵器，走向另一個世界呢？

<3> 挖開封存的記憶

據古文獻記載，隨國在春秋末期仍然存在。《左傳》中有「漢東之國隨爲大」的說法，這說明當時的隨國是一個比較大的國家。但二十世紀六〇年代以來發掘的古墓中，沒有一件是隨國的器物，卻有不少銅器證明這一帶曾經有一個名叫曾的國家。那麼曾侯乙的國家是曾國嗎？如果是，他就不會是楚國的國君。曾國與隨國又有什麼聯繫呢？

張昌平：在更早的時候曾經出了很多曾國青銅器的國家，是哪個國家呢？我認爲文獻記載裏還有一個曾國，這個曾國就是在西周晚期，與西戎族一起滅掉西周的曾國。在文獻記載和我們現在的考古發現都說明，在西周晚期的這個曾國是非常強大的。在湖北京山屈家嶺，曾經出土過一批曾國的青銅器，一共發現了九十餘件，其中有九件鼎。按照古代人的說法，九鼎是天子才能享用的一種禮制。按照曾國所享用的這種禮制，說明它的國力已經非常強大。這個國家應該不是後來的隨國，而是文獻所記載的曾國。

在這些使用過的戈的尾部，都刻有一枚形狀相同的花紋，觀察上

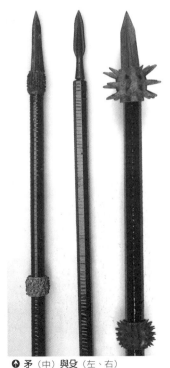

↑ 矛（中）與殳（左、右）

↑ 在青銅器上由漢字「曾」變形而來的圖案

↑ 古代「曾」字

面的紋理，可以發現都是對稱的馬和龍。僅僅是為了裝飾嗎？將圖案清晰化以後就會發現，花紋並不是為了好看才刻上去的，這些馬和龍是由漢字「曾」變形而來的。這是一個顯著的標誌。由於它僅僅刻在兵器上，所以可能被確認為是曾侯乙的族徽或者部隊的軍徽。這說明，古人在二千四百年以前就有了統一標識的意識。這可能就是我們今天所實行推廣的VIS理念實施的最早前身吧。

考古工作者發現，大墓中不僅有攻擊性十足的武器，還有許多用於防守的裝備，如戰馬上的鎧甲和為武士設計的甲冑。這些甲冑是用生皮磨壓成形，貫穿以絲帶固定。武士的甲冑從設計到製

↑ 墓主外棺

← 曾侯乙墓出土的戰士甲冑

作，完全是出於實戰的考慮。

在武士甲冑的前胸處正中央的地方，有一個十分簡練的圖形，由絲帶交叉編織而成的。這個符號在古代，

↑ 墓主內棺

是數字中「五」的一種寫法。它會不會是一個軍種或軍銜的識別標誌呢？由此可見，在那時，軍隊的裝備、編制、規模和形象都已經相當完善了。可以說曾侯乙的國家，與楚國相比起來，要小得多。因此，我們有理由相信春秋戰國時代的中國，其軍事力量異常強大。那時絲綢之路還沒有形成，但是絲綢已由中亞的游牧民族傳入西方，西方對神秘的中國嚮往已久。西元前三三二年到三三〇年，馬其頓的亞歷山大曾率希臘聯軍東征，夢想征服神秘的中國。亞歷山大率領的幾萬人一路所向披靡，一直打到印度境內（今巴基斯坦）。他的軍隊在當地遇到了大象騎兵的頑強抵抗，遠征軍在那些龐然大物面前退縮了，士氣瓦解，軍隊造反，使這個戰功卓著的偉大將領未能如願。假如當年亞歷山大的軍隊能夠追隨他

【腰機】

現代織布機的始祖。原始的織機是席地而坐的「踞織機」，又叫腰機。雲南晉寧石寨山遺址出土的距今二千多年的紡織貯貝器蓋上鑄造了一組女奴隸在奴隸主的監視下席地而織的形象。這種足蹬式腰機沒有機架，捲布軸的一端繫於腰間，雙足蹬住另一端的經軸並張緊織物，用分經棍將經紗按奇偶數分成兩層，用提綜桿提起經紗形成梭口，以骨針引緯，打緯刀打緯。腰機織造最重要的成就就是採用了提綜桿、分經棍和打緯刀。

↑ 曾侯乙墓出土的竹簡與注釋

↑ 曾侯乙寢戈

↑ 曾侯乙墓出土的玉器

↑ 玉首銅匕

的主張，果然成功跋涉萬里之遙，逼進中國疆域的話，那麼又會出現什麼樣的奇蹟呢？以當時中國發達的戰爭實力與極端的尚武精神而論，希臘聯軍又會將是什麼樣的命運呢？

在眾多武士的甲冑下面，考古者發現了兩堆竹簡。竹簡上有墨書篆體文字，共六千六百九十六個字，對參加下葬儀式的來賓以及饋贈車馬兵器等有詳實記錄。從來賓的官階中發現有宮廄尹這樣身分的人，這說明曾侯乙的身分非比尋常。值得注意的是，在這個大墓中，從發現的實物到饋贈物的竹簡記錄中都沒有青銅劍，而銅劍恰恰是楚國墓葬的基本器具。這也進一步說明，曾侯乙應該不是楚國的貴族。

譚維四：古文字的研究者看到這兩堆竹簡也非常高興，這些就

↑ 金杯

是書法作品，是藝術，是書法藝術。郭沫若先生曾說過，中國文字的發展到春秋戰國，不只是表達意思，而且還是藝術。這種在具體文字之外，再加上一些裝飾，就可以叫藝術字了。

雖然史書中沒有對曾國歷史的記載，但這些竹簡為我們提供了一些資訊。

發掘工作還在繼續，曾侯乙墓也在不斷地給人們帶來驚喜。

譚維四：果然在底下發現了金器。西室和東室是楊定愛和劉炳兩位清理。我當時正在東室，我說棺底下肯定要清理好，不要把底下的東西弄壞了。結果他們兩位在底下一看，發現一個金盞。在一般群眾眼裏，認為黃金是貴重金屬，金是寶，出

↑ 龍鳳玉掛飾

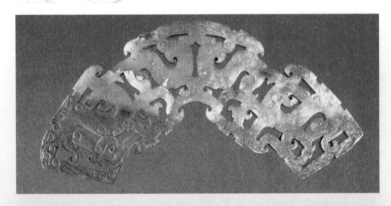

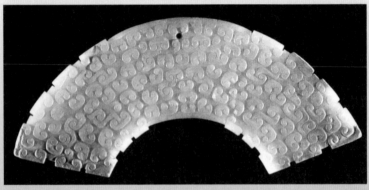

⬆ 各式玉璜

↑ 鏤空青銅杯形器

↑ 玉劍

了金器就了不得。但對考古工作來講,金雖然也很重要,但更重要是有很多東西都有科學價值。我讓他們不要聲張,保護好,先利用墓室裏面的水把它清洗乾淨。然後通知了保管組。在工地有一個保管組,組長是白紹芝,副組長陳善廷,都是省博物館的。他們用一個白瓷盤,裏面放上塑膠泡沫,放好以後蓋上。當然不能就這裏拿走,還要繪圖、照相。由於有水,開一個大棺,棺底下把位置記好,如:靠近棺的哪一角,把繪圖記錄、照相記錄、文字記錄都記好後,金器才取出來。出來以後怎麼辦是個很重要的問題。群眾最敏感的就是希望看到金,在我們沒有發現金器之前,就有傳說說直升飛機把金條運走了,都是無稽之談的傳說。現在果然出了金器,這個金盞也不小,簡單地稱一下,有四斤三兩。我告訴白紹芝和陳善廷、楊定愛讓他們先不要聲張,我也很快向領導小組的組長邢西彬同志作了報告。我說出

⬆ 曾侯乙墓出土的玉器 1

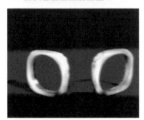
⬆ 曾侯乙墓出土的玉器 2

⬆ 曾侯乙墓出土的玉器 3

⬆ 曾侯乙墓出土的玉器 4

了金器，現在要採取措施，特別是那些很敏感的事情，要注意安全。

大墓和大墓裡的文物，已經成爲方圓幾百里的最大新聞，空軍雷達修理所的營區每天都要來大批群衆。人們帶著極大的好奇心和濃厚的興趣潮水般湧來。

王家貴：當時我們派了四個崗哨兵：門衛一個崗哨，墓坑三個放哨。因爲發掘開始以後，人陸續多了，崗哨也隨之增加，最後增加到六個崗哨，因爲有的車間，如雷達，都是比較機密的，也要站崗。墓揭開以後，人就更多了，人山人海的，一天不少於一萬人。來直升飛機和揭棺槨那幾天，大概要有幾萬人。路上來回的人用「川流不息」形容一點都不誇張。這給我們的工作增加了很大的壓力。最主要的是部隊站崗兵員不夠。最後增加到十二個崗，站崗來回走最多兩個小時一個崗，後來隨縣公安局又補充一些公安人員，門衛一個，墓坑兩個，一共三個崗哨。公安的三個崗哨和增加最多時候的十二個崗，白天晚上二十四小時不間斷，花了很大的精力。部隊基本上停止了兵器修理，全力以赴來參與古墓的發掘。

墓穴中有大量的淤泥，而許多體積極小的器物就藏在其中，這就必須小心進行甄點，這無疑增加了考古發掘者的工作量。

譚維四：後來又想了一個辦法，把吊上來的槨棺、槨板等做一

↑ 曾侯乙墓出土的玉器 5

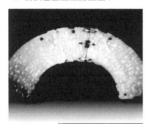

↑ 曾侯乙墓出土的玉器 6

↑ 曾侯乙墓出土的玉器 7

↑ 曾侯乙墓出土的玉器 8

個小型展覽。雷達修理所提供一個小教室,把群眾引向展覽室,這樣墓坑的現場就會比較安全了。

一部分玉器石器,在出土的時候大多散落在墓主棺及陪葬棺內外。其中,玉器是曾侯乙的飾物。經中國科學院地質研究所鑒定,為新疆的軟玉,都已經過了打磨和拋光。從玉質上來看,並不純淨,不同程度地帶有糖、柳、墨、泛、石等瑕疵。在西元前五世紀,純正玉器的來源可能會受到地域、交通、交流等級或其他因素的影響。出土的石器飾物則是屬於陪葬女的。石器也都經過了拋光

》》》 中·外·名·人 》》》

■韓非
(約前二八○—前二三三)戰國末哲學家,法家主要代表人物。與李斯同師荀子。強調以「法」為中心的君主統治術。著作有《韓非子》。

■伊比鳩魯
(Epicuro, 前三四一—前二七○)古希臘哲學家。在花園裏建起學校,史稱「伊比鳩魯花園」,在古希臘是創舉。是快樂論的最早提出者之一。

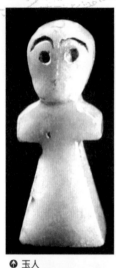

↑ 玉人

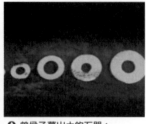

↑ 曾侯乙墓出土的石器 1

↑ 曾侯乙墓出土的石器 2

↑ 曾侯乙墓出土的石器 3

↑ 曾侯乙墓出土的石器 4

↑ 持戟翼人　位於內棺側面

↑ 曾侯乙墓出土的青銅器

處理，大多質地較軟，含細沙。經鑒定，是天然的大理岩材質，沒有雕琢的圖案。二千多年前，這些石器飾物，大概是由曾侯乙出於寵愛，賜送給那些少女的。直到命將歸天的時刻，那二十一名少女仍十分珍愛地佩戴著它。在那時一塊石頭和一條生命的價值到底如何換算？

　　譚維四：群眾的心情跟你不一樣。你今天出土了個棺材，明天換什麼東西，他們並不知道。剛開始進行組織，後來組織也不行了。這件事情，被韓書記（韓寧夫）知道後，王振強同志（韓書記的秘書）報告到縣委辦公室。縣委辦公室要求採取措施，停止參

↑ 位於內棺側面的長鬚持戟武士

↑ 內棺上繪製的足擋龍、鳳、四蛇紋飾

觀，禁止參觀，以保證文物絕對安全。縣革委會又用大布告通知。但機關單位好說、部隊好說，群眾卻沒辦法制止。

從大墓中，陸續出土了青銅禮器和用具一百三十四件，這些器具保存得相當完好。發現的時候呈黑褐色。與各地歷年發掘的同時期墓葬所出土的青銅器相比，無論從數量和品類，還是工藝和保存上看都是非常突出的。

譚維四：當時水上還有件東西，一個圓木桿在水中漂移。當時人們對這件露出水面

↑ 三戈戟首戈援胡上錯金鳥篆銘文

↑ 曾侯乙墓出土的鹿角立鶴

的棍狀物感到很疑惑，不知道是什麼東西。水很渾，水位下降又很慢，現場的攝影師余義明及時抓拍到了這一景物。水被抽乾以後，才發現此物已經折斷。經考證得知，它名叫建鼓，鼓面已不存在。建鼓的用途是：作戰時固定於戰車上，用來擊鼓傳令。而這只鼓更有意思的部分在於它的底座，它的底座是用青銅鑄造出來的，令人有十分驚訝的感覺。

付中望：鼓座鏤空的而且是像火焰一樣的那種。都是龍，七十多條龍，大龍。那個龍不是現在我們理解的龍，而是像蟲、像蛇的那種龍。在一個兩條主要的龍上伏著很多小的、不斷地穿插在裏面的龍，全是鏤空的，整個造型就像一個火焰往上升的那種感覺。這七十多條龍，相互之間都有關係。這種關係使人猛地一看根本不知道龍的這個頭、那個尾是伸向哪裏，根本沒辦法感覺到。這些龍，全是鑄造又是空心的，在鑄造上的難度是很大的。所以華覺明先生當時就讓我們和幾個做複製的同行一起把這個鼓座重新用石膏按照它的形複製出來。同時還要畫一個剖面圖，即好像把這個鼓座切開以後的一個剖面。然後館裏安排把這個鼓座抬到現在老展廳的頂樓。我們花了幾個月的時間，把這個鼓座全部用石膏，一段一段地全部把所有的龍都複製出來，複製成一個石膏的。那是一個很艱苦的工作：每條龍上面都有很細的紋理和很嚴格的線條。不僅如此，上面

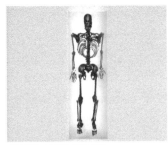

↑ 墓主人曾侯乙的骨架

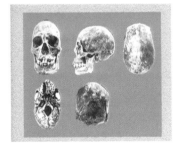

↑ 墓主人曾侯乙的頭骨

嵌著上好的綠松石，而那些綠松石有些脫落了，有些還在。我當時還畫了一個白描的線描圖，底稿我現在還保留著。

如何將大墓東室裏的墓主棺運出來是一件很難的事情。當時軍隊的兩輛重型吊車已在現場待命。墓主棺由內外棺組成，總重量預計七噸，而最後吊機起重器顯示的重量竟達九噸。這又不禁使人猜想，當年的奴隸們是如何將它安放下去的。

譚維四：兩個吊車同時開動還是吊不起來。王冶秋局長很有經驗。韓寧夫同志說，王冶秋局長既是國家的領導同志也是專家。馬王堆的開挖以及馬王堆古屍的清理他都參加了，所以也很有經驗。這個時候王冶秋局長就喊，「老譚你過來過來，看來不行，你的第一套方案肯定不行。你

↑ 曾侯乙編鐘被發現時的狀態

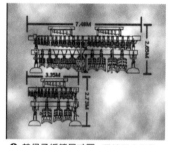

↑ 曾侯乙編鐘尺寸圖　甬鐘四十五件、
鎛鐘一件、鈕鐘十九件，共計六十五件

八噸加上五噸十三噸，也沒有把它吊上來，這個東西太大了，這個傢伙太大了，行吧，今天不做了。你們好好休息一下子，馬上研究。看是不是第一套方案行不通。如果估計不行的話，那按第二套方案辦。」

於是考古工作者將外棺和內棺分解開來，內棺打開後，人們看到裏面的屍體已經腐爛。這已是意料中的事，因為墓穴已在早年滲入了大量的水，並且外棺的棺蓋已在下葬時開啓。但墓主人的骨架相當完整，經中國科學院古脊椎動物與古人類研究所張震標、湖北醫學院的楚墨平以及湖北博物館李天元先生的鑒定表明，墓主人的主要特徵，屬蒙古人種的東亞和南亞類型，男性，年齡約四十二至四十五歲，身高一百六十三公分。

張建軍：在人類學上，要想鑒定性別，最好的就是骨盆。從盆骨的角度，男性和女性差別比較大。通過骨盆來確定，可以達到百分之九十五的確定性。即是男性還是女性，通過骨盆鑒定百分之九十五以上都可確認。而利用頭骨鑒定，確定性只有百分之六十五左右。

利用墓主人曾侯乙的骨架和頭骨對墓主人的相貌進行恢復，是要根據一系列的依據進行的。中國科學院古脊椎動物與古人類研究所的張建軍先生用了很長時間對曾侯乙的相貌進行了恢復工作。

曾侯乙的頭骨，從整個來看比較女性化。一般女性的頭骨主要特徵是額部垂直，而男性則比較傾斜。就整個頭骨而言，男性的頭

↑ 曾侯乙編鐘局部 1

↑ 曾侯乙編鐘局部 2

↑ 曾侯乙編鐘局部 3

骨更為粗壯，肌脊、顳縫、下頷咬肌等都是比較粗壯、明顯。並且男性在眉脊、上項線、隆凸、乳凸這些位置都比女性粗壯，女性的相對要纖細。此外，年齡的確定也是一個重要問題，一般是從骨縫和齒耗，根據牙齒的磨蝕程度、後面臼齒的磨蝕程度以及出齒的情況來確定人的年齡。

後來，曾侯乙的銅像被陳列在博物館中。曾主持發掘曾侯乙墓的譚維四先生，對這個帝王相頗不認可。那麼曾侯乙到底是什麼樣呢，仁者見仁吧。

↑ 曾侯乙墓編鐘全景

　　在墓主棺旁邊，安放著一個青銅動物，它長著鹿一樣美麗的角，確有鶴的長頸和翅膀。在古代中國，鶴和鹿都是吉祥的動物，神仙經常乘坐仙鶴飛翔。後來考古者將它命名爲鹿角立鶴。人們對它有幾種說法，更多的解釋是，這個鹿角立鶴就是準備馱著主人升天的神鳥，它將引導著墓主人成仙登天。

　　五月二十三日那天，天空以一種十分異樣的圖案，彷彿在預示著什麼，隨著抽水機低沉的聲音，水位緩慢地下降著，一件巨大的文物出現了，它的出現一下震驚了世界。

　　馮光生：我記得是一個中午。大家都回食堂去吃中午飯了，當時的負責人是工地的指揮譚維四先生。他讓我留下來，負責監管抽水机的抽水，因爲整個墓裏存滿了積水。積水慢慢地往下抽，它不能抽得太快，也不能突然中止。在抽水的過程中，我們發現水面裏中室那一部分，有三條黑色陰影。隨著水位的下降，黑色陰影也逐漸地越來越明顯，越來越清晰。當時由於對考古很陌生的，也不知道那是什麼東西，現在回想才知道，這就是後來世界矚目的曾侯乙編鐘的最上層的橫樑。

　　當時身背三台相機的余義明手疾眼快，捕捉了那個巨大的身影。

　　譚維四：我們有的年輕人這時候很著急，說這是什麼東西？弄個究竟，摸一摸吧。剛開始我也不同意摸，後來一想，什麼東西、什麼情況弄清楚以後更準確。於是就在水上架起了浮橋，用沙包搭上，然後泡沫板上再鋪上板子。他們摸了以後知道了，水下這個小夥子高興了，說，「隊長，這是編鐘！這個架子上掛的是編鐘。一排，北邊七個，中間的是六個。」他們先發現的，靠南邊還有一架。那個是曲尺形，一摸果然是六個，五個，還有一個缺口，有五個，還有一個缺口，還有第六個。我說「是不是你摸掉的。」他說「不對不對，是原來的，你別怪我。」我說「好，你小心一點，你要是把編鐘摸掉了或損傷了可找你算賬。」他說「這不是我摸掉的。」「不要緊，今天不算賬以後再說。」整個現場突然為之而動，所有的目光都集中到大墓中室。當時可以看到，一層層編鐘的局部和製成鐘架的銅人。

　　馮光生：能夠有幸在編鐘出水這個環節中在現場，現在看來是非常榮幸，是人生的一件幸事。由於我對編鐘不了解，對中國古代音樂史也是空白。所以自己最早地在那種環境裏，看到那種狀態，也沒有興奮。只是現在回想起來覺得自己很幸運，能夠有這麼難得的經歷。這是很多人所沒有的。

　　過去從其他古墓中，也曾有過編鐘的出土，考古者在這裏所看到的，卻是一件空前巨大的身影。

　　譚維四：這個時候還沒有完全露出來，但此時大家都很受鼓舞。雖然有盜洞，水裏畢竟還藏了很多珍寶。而且編鐘的出土使工地一片歡騰。大家都非常高興，當地的領導、地方官員也都高興了。從余義明拍攝的照片中可以看到，大墓中的水已經抽乾，考古工作者正在中室記錄著編鐘的方位等其他細節。全套編鐘完好無損

地屹立在中室的西側。爲了防止編鐘的木製樑架乾裂，工作人員不停地向上面噴澆清水，在地下沉睡了二千四百年的編鐘，重見天日。

更大的新聞如衝擊波一般掃蕩出去。人們所期盼的，已不僅僅是作爲一個目擊者。一個新的欲望在心裏膨脹開來，那就是聆聽它的聲音。這套歷經了二千多年光陰的大型樂器，會奏出怎樣的聲音呢？

<4> 千年絕響

一九七八年五月二十三日，那天的天空呈現著十分異樣的圖案，好像在預示著什麼。一座巨大的身影在大墓中室的水下隱隱出現。當時在工地負責值班的馮光生，成爲第一個目擊者。隨後，考古者發現這是一座規模空前的大型編鐘。當墓中的泥水完全被抽乾後，人們驚訝地看到這座大型編鐘竟完好地屹立著。這使得當時所有在場的人都抑制不住的興奮，大聲歡呼起來。從一九七七年十月發現大鐘，到一九七八年五月發掘之前，人們一直因爲那個盜洞忐忑不安。隨著陸續出土的大量罕見文物，人們有一種大喜過望的感覺。曾侯乙和他的隨葬品成爲方圓幾百里內的特大新聞。寧靜的隨

↑ 楚國與隨國的地圖

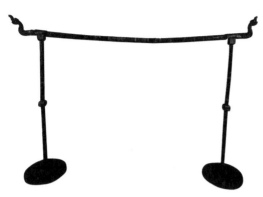

↑ 漆木衣架

【圭表】

中國古代量度日影長度的天文儀器。它包括圭和表兩部分，圭是正南北方向上水平放置的尺，表是直立的標竿，表放置在圭的南端，且與圭面相垂直。圭表誕生的年代已無從考證。使用圭表可定出每天正午的時刻，這時表影正好投影在圭面上。根據冬至日正午表影最長、夏至日正午表影最短，可以確定每年的冬至日和夏至日，並進而推算出一回歸年的長度。中國春秋戰國時代就已經利用圭表作爲測量回歸年長度的工具了。

■趙括

（？—前二六○）戰國時趙將。空談其父趙奢的兵法，毫無實際作戰經驗（紙上談兵）。在長平之戰指揮趙軍，被白起包圍，突圍不成，大敗。

■阿育王

（Asoka，？—前二三二）亦稱「無憂王」。古印度摩揭陀國孔雀王朝國王。在位期間統一除半島南端以外的印度全境，以佛教爲國教並廣建寺廟，對佛教的發展很有影響。

縣異常地熱鬧起來。那時，圍觀大墓已成爲許多人平日裏的重要事情。每天都有數以萬計的人潮水般湧來。高潮的時候，軍隊不得不出動士兵，組成人牆以保護現場。

編鐘出土時，基本保持著下葬時的狀態。它沿中室的南壁和西壁，呈曲尺型立放。靠西的一面，長7.48米，高2.65米；靠南的一面，長3.35米，高2.73米。編鐘共六十五件，分三層排列：最上面一層叫鈕鐘，中間及下一層叫甬鐘。最輕的一件，重2.4公斤；最重的一件，重203.6公斤。編鐘以及木製橫樑和鐘架附件，總重量達五噸。在編鐘上面，鑄有銘文二千八百二十八字，其內容一個是「曾侯乙作持」五字，表示爲曾侯乙所製作和享用。另外在鈕鐘和甬鐘上面，都標有敲擊發音的兩

⬆ **曾侯乙編鐘** 編鐘架銅人

個位置。

　　還有一隻名爲鎛的大型鐘，上面鑄有銘文。內容是：楚惠王五十六年（即西元前四三三年），楚惠王熊章從酉陽返回後，爲曾侯乙做了這件鐘，送到酉陽，讓曾侯乙永世享用。據記載，宋代時，在湖北安陸還出土過相同銘文的兩件鐘。說明當時可能鑄造有多件這樣的鐘。而下葬於曾侯乙墓中的僅此一件，這件鐘的銘文內容，與其他鐘的內容完全不同，沒有一字涉及到音樂。說明這個鐘與整套編鐘無關，應該是下葬的時候，臨時加進去的。爲了下葬這件楚王送的鐘，這套編鐘最大的一件鐘被擠掉了。這說明當時楚國與曾國的關係非同一般。至少可以說明，當時楚國對曾國比較重視，曾國對楚國又很尊重。當時楚國是一個重量級的大國，以其雄厚的軍事實力吞併了周圍許多國家。而面對曾這樣一個小國，至少在西元前四三三年，沒有把它吞併掉。

　　李學勤：按照古書記載，這一帶沒有被楚國吞滅的也只有隨國。因爲在春秋晚期，吳國進攻楚國的時候，隨國人救了楚國王的命。所以後來楚王把它恢復了，一直存在下來。

　　現在我們對曾國與隨國的概念再做一個對比。在曾侯乙墓出土以後，史學界對曾國與隨國的概念，做出了幾種假設。其中有一種說法是，當時的隨國就是曾國。

　　李學勤：第一個說這個曾就是隨國的人。在古書記載中，這個地方叫做隨。那麼曾爲什麼又叫隨呢？因爲在春秋戰國時代，很多的國家有不同的名稱。特別是有些國家會遷都，遷都後常常就用這個都城，作爲國家的名稱。這樣的例子非常多，由此我們可以猜想：這個隨國，隨是國號，有可能原來叫曾，後來因爲遷都隨了，

就叫做隨；也可能原來就叫隨，由於種種原因又叫做曾。這種情況並不少見沒有什麼奇怪的。後來我們在隨縣，現在的隨州，又發現一些鑄有銘文的銅器，上面記載的隨國人姓（當時叫做氏）和古書中記載的是一致的。這就進一步證明，這個曾國就是古書裏的隨國。

在曾侯乙編鐘的樑架及懸掛附件上，可以看到一些編號及文字。標明了編鐘各部件安裝的次序和位置。說明這套編鐘在設計時就已經想到了拆裝的可能。編鐘的懸掛附件製作得十分巧妙，起支撐及連接作用的銅人和兩架之間的關係設計得非常合理。我們並不清楚編鐘在曾侯乙生前曾經拆裝過多少次。但很顯然，最後一次拆裝是在下葬的時候。當時的君王對歸天是極其重視的，視死如生。所以這套大型編鐘，一定要隨曾侯乙一起走向另一個世界。在那時鐘和

↑ 曾侯乙編鐘 銅人拆裝示意圖

↑ 曾侯乙編鐘 拆裝示意圖

↑ 曾侯乙編鐘 背面有「商」字

>>> 中・外・名・人 >>>

■張儀
（？一前三一〇）戰國時縱橫家。任秦相時採用連橫策略，遊說楚、韓、齊、趙、燕連橫以事秦，瓦解齊楚聯盟，奪取楚漢中地。

■德摩斯悌尼
（前三八四一前三二二）古希臘政治家、雄辯家。學習修辭，克服自己口吃的缺陷。發表演說，哀歎民主政治趨於衰微。是古代雄辯術的典範，對後世有影響。

⬆ 楚王熊章大鐘

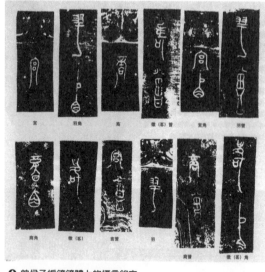

⬆ 曾侯乙編鐘鐘體上的標音銘文

鼎的含義是一致的，編鐘不僅是豪華的大型樂器，同時也是象徵王權的重要禮器。因而君王對鼎或鐘的重視程度非比尋常。

杜松（中國社科院考古研究所研究員）：若是天子用鐘，可以前後左右四面排列；諸侯用鐘，則要少一列，是三面排列；卿大夫用鐘，只能兩面排列；士一層階級，只可以用一面排列。這樣的等級劃分說明鐘和鼎，都是代表權力象徵的一種典型的器物。

傳說黃帝製造出九鼎象徵著九州中國。以後的帝王們對這一傳說深信不疑。九鼎從夏傳到商，再到西周，傳到東周的時候不慎落入泗水河。秦始皇統一中國

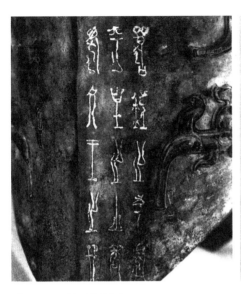
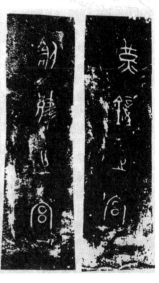

⬆ 甬鐘、鈕鐘上的樂律銘文

以後，還曾派遣一支隊伍去泗水打撈那些可能已不存在的九鼎，結果一無所獲。

　　杜松：傳說商朝的一個王名叫武丁。有一次，武丁王舉行典禮，在他前面擺了一個大型的銅鼎。在祭祀進行的過程中，突然飛來一隻大鳥在鼎耳朵上。武丁王見狀非常不悅，「怎麼我舉行儀式的時候，來了一隻大鳥落在鼎耳朵上呢。」他認爲這是一種不吉祥的兆頭。後來有大臣獻言說祭祀時飛來一隻大鳥正是一種吉祥的表現。武丁王聽後非常高興。後來，武丁王在位五十年，可以算是商朝歷史上最有名望的、在位時間最長的一個國君。

>>> 天 · 工 · 開 · 物 >>>

【銅壺滴漏】
　　中國古代的自動計時裝置。《周禮》中就有記載。這種計時裝置最初只有兩個壺，由上壺滴水到下面的受水壺，液面使浮箭升起以示刻度（即時間）。這裏浮箭可看作是一種自動檢測裝置。保持上壺的水位箭定，則是自動調節的問題。這個問題後來用互相銜接的多級（三─五級）水壺蓮華漏來解決。其原理相當於有非線性限制器的多級阻容濾波裝置。

⬆ 五弦琴側面局部鳳鳥圖

一九七八年編鐘完好的全套出土，人們都想盡快聆聽它的聲音。

譚維四：六月二十八日，文化部文藝研究院音樂研究所的黃翔鵬、李純一、王湘、吳釗、顧國寶、王迪六位同志來到隨縣。

李純一：編鐘我接觸得不少；發掘出的編鐘也接觸得不少。全國各地出土的這方面發現的我幾乎都去過。但是一看到曾侯乙墓這個編鐘，簡直就是被驚呆了。

隨即音樂研究所的專家們，在隨縣開始了對編鐘及其他樂器的研究工作。

馮光生：在初和先生（黃翔鵬）接觸的時候，最不習慣的也是印象最深刻的是——他抽煙。不管坐在哪裏，他經常會進入一種沉思的狀態，在他的小斗室裏經常都是煙霧繚繞。這個老師給我的印象是他是一個煙鬼，不停地一根接一根地抽。或許就是煙的刺激，使得他就在工地上，很快地就整理出了曾侯乙編鐘的音樂性能以及

⬆ 五弦琴背面局部紋飾

曾侯乙編鐘關於樂學律學體系的一些很重要的研究成果。這是當時印象極深的。但是這個老師忙得甚至顧不上洗自己的衣服，完全是一種很投入的狀態。當時天氣很熱，他的白汗衫就變成了黃汗衫，是完全都被汗染成了的那種米黃色，甚至還要黃些，有時還可以看到很明顯的汗漬。人瘦得就像一個皮包骨的感覺，但是他總是不停地在工作。從我和他當時的合影，可以看到他當時的那種狀態。人已經是瘦得不能再瘦了，但是每天都是精神抖擻。另外我們記得工地上很熱，胖子是最怕的了，那時候也沒有空調，即使有電扇吹出來的也是熱風，難以解決問題。另外一個老師叫王湘的，北方人，是個胖子，從來沒有經受過南方這種炎熱。

王湘：那時候高溫達到攝氏四十度左右。我是東北人，在零下三十度的環境中長大的。對那種氣候很不適應，受不了。我沒辦法了，因為在測完編鐘以後，要寫測驗報告。

馮光生：最後他就想了個辦法：把浴池裏面放滿了水，他整個腿部或者下半身浸泡在水裏，然後上面放一個平板，在平板上整理當時的資料。

在曾侯乙編鐘出土的前一年，黃湘銅先生通過對其他編鐘的考證提出了一個觀

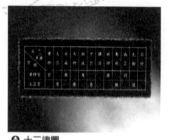

⬆ 十二律圖

點：在先秦以前，古代樂師對一鐘雙音就已經掌握了可操作的模式。這個觀點當即受到許多同行的反對，因爲當時並沒有實物作爲可靠的例子。曾侯乙編鐘出土後，人們發現編鐘的另一面，竟刻有宮、商、角、徵、羽的音名位置。這表明每一件甬鐘都有兩個敲擊的位置，而兩個敲擊位置所發出的都是獨立的兩個音。實現這樣的成就，是要以成熟的音樂理論與嫻熟的製作工藝作爲支持的。這不得不令今人爲之驚訝。

崔憲：曾侯乙編鐘出土以後，他（黃翔鵬）的論文就已經可以理直氣壯地回答這個問題。並用這個一鐘兩音的結果去分析所有鐘上的銘文，以及曾侯乙編鐘所包含的能夠考慮到的所有的音樂信息。那麼黃先生所做的工作，用譚維四先生的話說，實際上是黃先生遇到曾侯乙編鐘這麼一個機遇，使他能夠借助曾侯乙編鐘這樣一個重大的發現，使自己的學術研究上了一個很高的臺階。這使我覺得譚維四先生的評價是對的。我們也可以反過來說，黃先生的研究也使我們現代人更清楚地認識到曾侯乙編鐘所蘊含的學術價值以及它本身的歷史文化價值。這兩者是相輔相成的，對於一個重大發現，如果沒有好的學者去深入地發掘它所蘊含的學術價值的話，那麼它的所被認識的價值也會是有限的。

考古者將全套編鐘在當地炮兵禮堂重新架設完成，並準備嘗試敲擊和進行演奏。從若干件金屬錘及陪葬女的數量來看，他們推測，至少要有五個人進行演奏才行。當這些在時間隧道中走過了二千四百年的敲擊編鐘的器具在陽光下被人們重新擺放好後，銅錘和木棒的頂端仍然清晰地留有摩擦的痕跡，彷彿就是在昨天，它們還剛剛被使用過。考古者從鴛鴦木盒上的圖案中發現了手持木棒的樂

手正在敲擊編鐘的體態，他們由此得到了演奏的啟發。

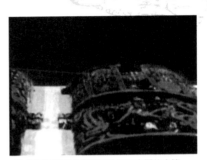

↑ 曾侯乙墓出土的有二十八星宿圖的衣箱

一九七八年八月一日，建軍節那天，由考古者、音樂學者及炮兵宣傳隊的部分人員臨時組成了一支演奏組，在炮兵大禮堂面對一千多名軍人和群眾演奏了曾侯乙編鐘。

譚維四：首先演奏《東方紅》。演奏完後，台下一片鼓掌歡呼。「了不起！了不起！」沒有想到二千四百年前的樂器還能夠演奏當代的樂曲。這復原了的千古絕響還演奏了古今中外的很多曲目。這麼美妙的聲音也忙壞了攝影師、照相師和錄音師。

請記住這一時刻！二千四百年前這裏也曾經迴盪著同一座編鐘的聲音。大約西元前五世紀，當曾侯乙預感到命將歸天的時刻，也許曾列過一長串隨葬的清單。正面對這座屬於他的偉大樂器—— 象徵著王權同時又散發著無窮魅力的巨大樂器，是他無論如何也不願放棄的。從此一座巨大的身影從地平線上消失了。

從古文獻上我們可以得知，早在西周中晚期，編鐘已由三枚或五

↑ 二十八宿天文圖位於衣箱蓋頂

⬆ 瑟側面鳳鳥紋

枚發展爲八枚一組，若分別敲擊隧部與右鼓（或左鼓）部，能發出相隔一個小三度或大三度音程的兩個音級。如陝西扶風齊家村出土柞鐘，總音域爲三個八度，各鐘發音序列基本上按羽、宮、角、徵、羽、宮的次序排列。至春秋中晚期，每套編鐘又增爲九枚一組成十三枚一組。如山西侯馬出土晉國十三號墓編鐘，共九枚。總音域雖少於柞鐘一個八度，但是它在西周編鐘角、徵、羽、宮結構的基礎上增加了商音和變徵音，構成了有變徵的六聲音階。曾侯乙鐘繼承了西周以來編鐘的傳統音列，同時又有所發展。其總音域達到五個八度。在約佔三個八度的中部音區由於有三套骨幹音結構大致相似的編鐘，形成了三個重疊的聲部，而且有的聲部幾乎十二個半音俱全，可奏出完整的五聲、六聲或七聲音階的樂曲。

在西元前五二一年，周朝的周景王曾下令鑄造了一座名爲無射的大型編鐘，那是當他知道了十二音律後，採取的行動。曾侯乙下葬的時間是在西元前四三三年，那時他大約四十五歲。也就是說，他是在西元前四七八年前後得到這座編鐘的。這與周景帝鑄造編鐘的時間僅僅相差四十三年。曾侯乙編鐘的出現，使眾多學者爲之振奮，因爲通過它的聲音和銘文，使今人和古人之間的對話彷彿又深

刻了許多。不僅如此，也爲今人增
加了許多話題。其中有一個話題，
直到現在仍在爭論著。那就是從曾
侯乙編鐘所理解到的十二音律和七
聲音階，到底起源於什麼地方。也
就是遠古時期的人們是從哪裏得到
這個極其和諧的音樂理論的呢？

　　所謂十二律，是中國古代的律
制。律是指音調，用十二個長度不
同的竹管，去除十二個音調不同的
標準音，用以確定樂音的高低。這
十二個標準就叫做十二律，它相當
於現代音樂的十二個調。十二律最
早記載見於《國語》一書。西元前
五二一年，周景王下令鑄一套「無
射」編鐘，因爲把編鐘的音律鑄造

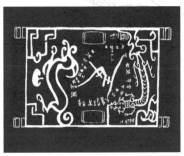

↑ 二十八星宿圖

↑ 中國古代二十八星宿名稱

準確是不容易的，它需要相當的技術條件，要有精確的計算和豐富
的實踐經驗。所以，周景王就有關的音律問題去問當時著名的音樂家伶州鳩。伶州鳩給他講了一番鑄鐘的道理。他說，律是爲「立均出度」而定的。即律是爲構成一定調高的音階序

↑ 二十八星宿衣箱側面對獸

⬆ 衣箱上的立體二十八星宿圖

列而定的尺度。古代精通音樂的盲人，總是要「量之以制，度律均鐘」的。即根據一定的計算方法得出的律來處理鐘的大小順序和發音高低。這樣才能「紀之以三，平之以六，成於十二」，即用「紀之以三」的計算方法得出準確的六律與六呂。六律即首律黃鐘，其次為太簇、姑洗、蕤賓、夷則、無射。兩律之間均為全音關係。兩律之間均有一個半音，稱之為「呂」。六呂即大呂、夾鐘、中呂、林鐘、南呂、應鐘。兩呂之間也為全音關係。六律與六呂合起來成為十二律呂。這個故事，說明宗周已經有了以黃鐘為律首的十二律，而且還把它作為鑄鐘的理論根據。據曾侯鐘銘文記載，戰國初期各諸侯國所用十二律的名稱和制度並不統一，如曾國的姑洗相當於楚國的呂鐘，曾國的太簇相當於楚國的穆鐘、宗周的刺音等。不過，其基本原理與宗周仍然是一致的。如曾國六律至少有五律的律名與先後次序，與宗周相同，但曾國黃鐘的律高比宗周低一律，其首律不是黃鐘而是姑洗。所以《國語》所載周十二律可能是經過長期融合、統一的結果。

西元一七八○年，傳教士錢德明發表的一篇論文，認為古希臘的畢達哥拉斯發明的七聲音階，是從中國抄襲的。錢德明的觀點當即遭到了歐洲學者的排斥。法國人沙宛在一八九八年說，中國的音律是西元前四世紀，由亞歷山大的東征軍傳入的。這個觀點，在曾侯乙墓出土的同時便成為了天方夜譚。一九六二年，李約瑟在他的書中說，音律的知識起源於古巴比倫，然後向東西兩個方向傳播：向東傳入了古中國，向西傳入了古希臘。在沒有考古的實際證據下，人們彷彿默認了這樣一個說法。一九七八年曾侯乙墓出土的大

型編鐘，使這個有關音律起源的爭論又一次喧囂開來。因為曾侯乙的雙音編鐘證實了在西元前五世紀，中國的音律知識已經遠遠超過了同時期的古希臘。這種在短期內所不可能達到的成就，使人們開始懷疑音律是從古巴比倫傳入的可能性。

在這時，美國學者麥可倫在他的論文中再次暗示了音律是從古巴比倫傳入中國的可能。把人們思考年代的縱深度一下子推入很遠。有意思的是，我們可以把兩個文明古國在音律方面的成就，做一番比較。

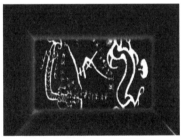

↑ 從衣箱底往上看的二十八星宿圖

↑ 衣箱上的「五月初三」紋樣

從古巴比倫的蘇米爾出土的陶片上，可以看到豎琴與琴師彈撥的圖刻。這些文化遺物的時代大約在西元前二千五百年到二千年之

【星表】

　記載天體各種參數──包括位置、自行、視向速度、星等、光譜型、視差等的表冊。通過天文觀測編制星表是天文學中最早開展的工作之一。西元前四世紀，中國戰國時代天文學家石申所編的《石氏星經》，載有一二一顆恒星的位置。這是世界上最古老的星表。

≫≫≫ 中・外・名・人 ≫≫≫

■李悝

　（前四五五—前三九五）戰國時法家，為魏國主持變法。並彙集當時各國法律編成《法經》，是中國古代第一部比較完整的法典，今已失傳。

■希羅多德

　（Herodotos，約前四八五—前四二五）古希臘歷史學家，西方史學稱其為「歷史之父」。首創《希波戰爭史》（亦稱《歷史》，九卷），為西方史學開山之作。

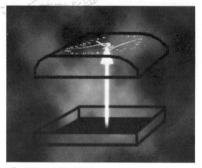

↑ 衣箱的立體示意圖 頂上代表著穹

間。很明顯，當時的弦樂已經有相當的發展。而多數科技史家認為，和諧音律的認識最可能發現在弦樂上。而同時期中國出現的樂器遺物有：商代出土的笛、陶鐘和陶塤。商代出土的樂器種類開始增多，但沒有絃樂器的出現。最早的絃樂器出土於曾侯乙墓，有二十五弦瑟，十弦及五十弦琴。這些很先進的絃樂器不是在短時期內能夠形成的，也就是說中國絃樂器的起源可能會更早。而源於商代的那些有多種發音的樂器，是可以做音樂的測量與分析的。李純一先生曾對商代不少地區的塤、編磬、編鐘做了系統的研究，結論是那時可能已具備了標準音的概念。

古代中國的音律與天文知識有著密不可分的關係。十二律是與十二個月相對應的。在西元前十四世紀的中國，有關閏月的制法已有初步的系統。商代天文學家已經利用大小月、一年十二個月和設置閏月，來協調月相與季節的關係。從《左傳》中我們得知，春秋時期一個回歸年是三百六十五又四分之一日。在西元前六世紀以前，中國已經發明了十九年七閏制，並有系統地進行運用。而在古巴比倫的漢謨拉比時代，閏月開始形成，但並沒有形成系統。西元前六世紀，巴比倫的曆法使用的是八年三閏法。到了西元前五世紀，巴比倫開始掌握了十九年七閏的規律，而那時中國人已經提前了一個世紀使用這一規律了。值得注意的是，從發展周期表來看，巴比倫人從使用八年三閏法轉變成十九年七閏法，這一國家的時間突然縮短了。顯然當時有可能受到了外力的作用。那麼這個外力，又會是從哪兒來的呢？

在二十世紀上半葉，由於史學界對於中國歷史的偏見，幾乎影響了人們對中國二十八宿星象的研究。從曾侯乙墓中出土了一件漆木箱，它是用來裝墓主人衣服的。在漆木箱的蓋子上可以清晰地看到二十八宿天文的圖案。二十八宿——用以標誌月亮每天的位置，月亮每天在宇宙航行中，都有一個旅居的地方，一個月換二十七或二十八個地方，所以叫二十八宿。二十八宿對確定曆法、確定季節、指導農業都起著極其重要的作用。對於二十八宿的起源，史學界的觀點一直存在分歧。一般認為，中國和印度的二十八宿出現最早。二十八宿的完成年代也被爭論了三百多年。曾侯乙墓中的這只木箱，具有無與倫比的價值，為中國的史學界又增添了一份引以為自豪的證據。

郭德維：古代的時候，在印度還有巴比倫都有二十八宿。過去常常爭論一個問題：中國和印度的天文很相近，究竟是中國傳給印度的，還是印度傳給中國的？過去一直說不清楚。還有一個問題就是究竟在什麼時候形成了體系，我們在《詩經》裡面，就已經有了個別的詞、個別的曲，但我們這是一個完全的體系。除了完全的體系，還與北斗和四相聯繫在一起，這就很有意義了。在印度來他們對北斗的了解不像中國這麼清楚，因為印度的緯度偏南，並不是一年四季都能看到北斗，但是在中國卻能看得很清楚，並且四季分明。

中國古代把二十八宿平均分為四組，每組七宿，分別與東南西北四個方位，青紅白黑四種顏色，以及龍、鳥、龜、蛇幾種動物形象相配，稱作四象。曾侯乙衣服箱上的二

十八個宿名，順時針圍繞著一個「斗」字，排列在一個橢圓形赤道旁，這個斗字代表著北斗七星。巴比倫平面球形圖的出現，大約在西元前一千二百年左右，相當於中國商朝遷都到殷以後的時間。平面球形圖，以十二個半徑，劃分成三十六個部分，每一部分寫有星星的名稱和數字。很明顯，這個星圖，代表了天空的區域。遺憾的是，至今僅有一些殘片被發現。潘切斯教授利用大英博物館收藏的一些殘片，進行了復原工作。可惜的是，他使用的那些殘片，大多數又遺失了。但他仍然復原出一個平面球形星圖。人們把這個星圖和中國的二十八宿相對照，沒有一個有直接相應的差異。由此可見，古中國的天文體系與發展是獨立生成，這對十二音律及七音階的起源是一個值得啓發的參照。

　　在曾侯乙墓出土的這張天文圖中，清楚地出現了代表東宮的青龍和西宮的白虎，卻看不到代表南宮的鳥和北宮的蛇，多少顯得有些欠缺。一九八三年七月，黃建中等四位學者卻有了一個新的發現。他們將立體的木箱平面化之後，人們意外地看到了木箱兩側的圖形。有花紋的一側是代表南宮的朱雀，也就是鳥，而全黑的一側，正是代表北邊的玄武，也就是蛇。可以說當年在設計二十八宿星圖的時候，設計者對這個方形木箱是經過了全方位考慮的。那麼為什麼代表北方的一側沒有圖案，而偏偏塗成全黑呢？是不是可以說，當時北方玄武在地平線下看不見了呢？為支持這個解釋，黃建中認為在這個天文圖中，赤道環左下方所寫的四個字——甲寅三日，很值得注意。從年表推算，這個日期是當年的五月初三，接近春分季節。因此黃昏時，北方七宿處於地平線之下，是看不見的。更值得注意的問題出現了：天文圖的設計者為什麼要刻意畫出這樣一個星宿表，設計出這樣一個看似深奧的造型呢？黃建中等學者經過研究認定，甲寅三日，也就是五月初三，是曾侯乙死的日子。

　　從這隻楚王饋贈的鐘上，我們清楚地知道了西元前四三三這個

年代。也許就是在這一年，曾侯乙帶著許多神奇的故事消失在地平線下了。而他與強大的楚國之間的情意也隨之漸漸逝去，因為這個名叫曾或者隨的國家，後來終於在楚國的版圖上消失了。

\<5\> 下 寺 風 格

由於編鐘具有無可比擬的價值，國家文物局規定，不能對這個原件進行敲擊。來自全國的多學科專家，開始對編鐘進行研究，以便盡快展開複製工作。研究者用鐳射的方式，對鐘體進行分析，發現了古代工匠的智慧所在。

用現代的技術來分析古人的設計及製作方法，縮短了古人與今人的對話距離。從曾侯乙墓中的青銅器表面上，人們看到的是精湛的外形設計與超凡的製作技巧。而在每一件青銅器背後，我們已隱隱感到有一個身影越來越清晰──一個古代工匠的身影，雖然他沒有名字。

為了支持編鐘的複製工作，中國社會科學院批出了專款。自然科學史研究所的華覺明先生，專門從事對中國古代金屬技術的研究工作，他從鐳射分析入手研究編鐘的複製。

⬆ 中國青銅器發展時間表

華覺明：有一位工程師，為了研究小提琴發音的特點，請清華大學幫助，用鐳射來檢測小提琴的聲音。因為用鐳射檢測，可以知道鐘

↑ 青銅禮器出土時的情況

不同部位發聲的情況。這件事情給了我們一個啓發。

在嘗試了多種實驗後,專家們選擇了一種叫熔模精密鑄造的方法複製編鐘。

工程師:現在就是在蠟模的毛坯上鑲枚、鑲花紋。整個的蠟模成型,一套工藝就是這麼辦的。毛坯剛開始壓出來以後,我們在上面進行鑲嵌花紋、鑲嵌枚。一半成型了以後,再把兩個半模子合起來,合完了以後就是一個合的印子。兩半合成了以後,就成了整個

編鐘的完整的形狀。

在做好的蠟模上，反覆澆上沙子，直到形成厚實的包裹層。然後經過一段非常熱的燒製過程。現在技師們把已被熔成液態的銅水進行澆鑄。這一過程是在溫度酷熱的環境中進行

⤊ 曾侯乙墓編鐘出土時的情況

⤊ 正在用曾侯乙編鐘演奏音樂會

>>> 天·工·開·物 >>>

【籌算】

中國古代以籌為工具來記數、列式和進行運算的方法。算籌是古代中國獨創的和最有效的計算工具，又稱策，由竹木製成。籌算在中國起源甚早，在《老子》中就有記載。所以算籌至少在戰國前期就已經存在。直到明代才被珠算代替。多位數也同阿拉伯數字一樣由各算籌自左至右橫列，縱、橫式相間，數字零用空位表示。籌算能對數進行運算，也能對各種籌式作演算。

⬆ 聯禁銅壺

的，這使人們聯想到古代工匠的作業環境。那時的條件一定比現在落後得多，但是他們製作出來的作品，卻令今人為之驚訝，從而可以校正音質。測量音質是要以專門的儀器為依據的，而中國的古人在並不擁有這樣的儀器的條件下，卻能夠十分準確地衡量編鐘的音質，這真是一個奇蹟。

古代工匠所歷經的失敗，是今人所想像不到的。在戰國時期，青銅工匠的地位劃定在奴隸與庶民之間，其身分十分卑微。在那樣艱苦的條件下，他們製作編鐘的周期，可能是幾年、幾十年，也可能是一生。複製編鐘發揮了多學科的協作特點，其中包括了考古、歷史、物理、聲學和鐳射專家的通力合作。六個機構的科學家、工程師、技師一百多人歷時四年，複製出第一批編鐘。在這一過程中，專家們時常參照著遠古時期的冶煉著作《考工記》，並從其理論和資料中得到了更深層的領悟。有意思的是，在這一複製的操作過程中，古代和今天的專家們似乎進行了一次相隔幾千年的對話。

複製出的編鐘，不僅在外形上酷似原件，在聲學方面也達到了出奇的精確。其音質與原件僅僅相差正負三音分，而這個精確度只有精密儀器才能區分。這一成就得到了國家文物局的肯定，於是決

↑ 河南新鄭出土的立鶴方壺

↑ 矛狀車書

衛國商人呂不韋到趙國邯鄲做生意時，遇到了秦國人質、秦昭襄王孫子、太子安國君兒子、落魄不堪的子楚，認為「奇貨可居」，可以通過子楚謀到難以計數的大利。呂不韋與父親有一段有名的對話：「種地可以得多少利息？」「年成好可賺十倍的利息。」「販賣珠寶可賺多少利息？」「好時可賺一百倍利息。」「擁立一個國王，可以得多少利息？」「好處難以計算。」

呂不韋把子楚當奇貨，出錢幫他四處活動，終於使他繼承了王位，成為秦莊襄王。呂不韋也被拜為相國，封為文信侯。大商人變為大政治家。

■孫臏

（生卒年不詳）戰國時兵家。孫子的後代。被同學龐涓騙去魏國，處以臏刑（去膝蓋骨）。強調打仗要具體分析雙方的條件，著作有《孫臏兵法》。

■修昔底德

（Thucydides，約前四六〇—約前四〇〇）古希臘歷史學家。在伯羅奔尼薩戰爭期間任雅典將軍。著有《伯羅奔尼薩戰爭史》（八卷）。

定撥出款項複製全套編鐘。

華覺明：當時我們還問一些考古學家，說我們這一套編鐘究竟有多大價值？據考古學家估算，這一套複製鐘至少價值一千萬美元。我們非常高興，因為投入與產出的比例相差很大，是幾十倍的產出。當時文物局也非常高興，因為這套鐘複製出來，原來的鐘就可以不敲了。

全套編鐘的複製

⬆ **司母戊鼎** 商代晚期，河南安陽出土

⬆ **王子午升鼎**

工程，又歷經了三年時間。至今爲止，全國僅有曾侯乙全套複製編鐘三座：一座在它的發現地隨縣，也就是今天的隨州市；一座在湖北省博物館；另一坐在臺北鴻禧美術館。假如我們相信靈魂不死，就可以相信那些曾經創造了曾侯乙編鐘的工匠們的靈魂，已經聽到了這個飄離了很久的鐘聲又一次迴盪而來。古中國的工匠及藝術家們所創造的成就，一次次地令今人爲之折服。

有關古代的遺存是否算是重大發現的問題，今天的研究者各有其評價。李學勤先生是研究中國歷史的著名專家，他對曾侯乙墓的文化遺存曾給予了很高評價。

李學勤：在我看來，真正重大的發現至少應該符合一個條件：它是否能夠改變對一個時期的歷史文化的認識。如果不能改變對一個歷史文化的認識，那麼就不能算是一個很重大的發現。曾侯乙墓出土之後，就改變了當時對西元前五世紀中國文化水準的一個根本認識。所以曾侯乙墓出土後，美國有一個研究中國考古學的一個學者，就寫了一篇題爲《西元前五世紀的再估量》論文，意思是說，過去對西元前五世紀中國的文化藝術水準的認識太低了。由於這個墓的發現，提高了人們對當時中國文化藝術水準的認識。這樣的發現不愧是重大發現。

曾侯乙墓的文化遺物中，有一些器物對今人來說還是個謎。這

⬆ 有柄鼓　最大腹徑二十四釐米，柄長八十五釐米，高23.2釐米

些奇怪的東西，在古文獻中也沒有記載。

　　李學勤：有些很小的發現，大家可能不太注意，其實在今天看起來，還沒有完全解決。比如墓裏有一些東西，看起來就是彈簧。小的彈簧非常細，有的比一根鉛筆還要細，但很長，有的一個有四、五釐米長。墓爲出土了一大堆，這是什麼東西呢？現在的考古報告裏還有種種猜測，但還是解決不了。考古工作者給這些器物定的名字叫紡錘形器，它是由皮墊圈、紡錘形木柱、有骨狀物的圓木棒和有絲線連接著的金屬彈簧組成。金屬彈簧共計五百七十二段，有秩序地纏繞在二十個圓木柱上，形狀有如現在的電線圈。漆皮電圈的邊緣，有一百一十個小孔，密集地排列一周。北京鋼鐵學院採用光譜定性分析檢測金屬彈簧的化學成分，發現裏面含有金、銀和銅，並

⬆ 曾侯乙墓出土的球形敦

有微量的鉛、錫和鐵。武漢工學院鑄造研究室也對其進行了精確的化學定量分析。黃金與鉛錫合金的質地都很軟，用來製彈簧，僅僅可以具備外形特徵並不會有彈性。這些奇怪的器物，是在曾侯乙墓的東室，也就是墓主人的寢宮發現的。它們是做什麼用的，至今仍然是個謎。

與歷年出土的青銅
器相比，曾侯乙墓中的
一百三十四件青銅器，
無論從數量，還是等級
都是超群的。這些青銅
器反應了中國青銅時代
的繁榮。

⬆ 彩繪幾何紋單耳豆形杯

　　杜迺松：在西元前三千年到西元前二千
三百年之間，西北地區的馬家窯文化（馬廠
文化）已經出現了青銅製品。這些青銅製品都是很小的小刀等。後
來，青銅製品的製作就從西部逐步轉移到東部。經過龍山文化，再
進入夏文化以後，青銅器就繼續向高潮發展。

　　中國的青銅器，經歷了原始社會後期的萌芽、夏代的初步發
展、商代的高度發展和西周的繼續發展，到了春秋戰國時期發展到
空前的繁榮階段。

　　孔子對春秋時代的禮崩樂壞，表現出無可奈何的心態。然而從
藝術史的角度看，這卻是一個新舊交替的時代。新的價值觀念，生
活風尚和審美情趣，在對舊制度不斷衝擊的進程中逐漸確立起來。
藝術新潮開始湧動，春秋時期新的藝術風格的總體標誌是一九二三
年河南新鄭出土的立鶴方壺。以楚
爲中心的南方各國，從春秋中期開
始，創造出了新的青銅器藝術風
格，並形成了有鮮明地域特色的青
銅器傳統。其中河南淅川下寺的青
銅器群，在造型及鏤空方式方面的
特點最能代表楚藝術的風格和氣
質，因此被今天的研究者稱之爲下

⬆ 方鑒缶

寺風格。當時左右中國政治地位的五個諸侯國，被稱爲春秋五霸。而楚國的霸業整整持續了一百年。在競爭圖強的驅動下，中國歷史出現了前所未有的經濟發展、科技進步和文化繁榮。

這一時期的造型藝術仍以青銅器和玉器爲主。因爲青銅器和玉器在當時的上層社會的政治交往和精神生活中佔據著十分重要的主導地位。

♦ 彩繪雲雷紋杯形器

這些器具的傑出製作者們被稱爲百工，他們是官府的工匠，身分近於奴隸和庶民之間。當時，各諸侯國在軍備武力、政治計謀較量的同時，也展開了工藝製作和藝術創造的大競賽。這裏工匠們突破舊的模式，極大地發揮想像力與創造性提供了良好的條件。

春秋時期，北方中原地區繼承了西周的傳統禮制，以鼎作爲祭祀和禮儀的活動，並以鼎的數量作爲等級和權威的標誌。而楚國偏偏要獨樹一幟，在鼎的造型上標新立異，以顯示出不屈服於周的態度。研究楚國藝術的專家，皮道堅先生將司母戊鼎和王子五升鼎進行了比較，司母戊鼎散發出超人般的濃

>>> 天 · 工 · 開 · 物 >>>

【初稅畝】

中國春秋時魯國實行的按佔有田畝實數徵收田賦的賦稅制度。西元前五九四年實行「初稅畝」（《左傳·宣公十五年》）。「古者三百步爲里，名曰井田。井田者，九百畝，公田居一」，「初稅畝者，非公之，去公田而履畝，十取一也」（《穀梁傳》）。初稅畝推翻過去農民助耕公田爲官府財源的舊制度，創造了不分公田私田以土地面積爲根據，向田主徵收實物稅的新制度。這一重大社會變革推動了新興的封建制生產關係的發展。

⬆ 曾侯乙墓內棺上的繪畫 1

⬆ 曾侯乙墓內棺上的繪畫 2

⬆ 曾侯乙墓主棺上的繪畫 3

厚而神秘的氣息；與司母戊鼎形成鮮明對照，王子午升鼎是典型的楚風格，它也顯露著神聖不可侵犯的態勢，卻更多地顯現了一些自由活潑的意趣和世俗生活的情懷。這個時期楚國範圍內的青銅器，也出現了不少新穎別致的品種。

一九七八年曾侯乙墓出土了名爲球形敦的青銅器。在楚風格的青銅器中，球形敦非常具有符號意味。它的蓋子與器身同形，合在一起時是一個球狀的造型，在現代人看來，很像是一個人造地球衛星。悠遠的歷史，使人們很難揣摩古人做出如此造型的動機和心理。皮道堅先生認爲，這可以聯繫到其他一些樣式的楚系美術作品中所反映的濃厚的宇宙蒼穹意識，如：戰國帛畫人物御龍圖、人物龍鳳圖、信陽常泰棺楚墓錦色漆畫以及曾侯乙墓衣箱上的二十八星宿圖和后羿射日圖。這些作品所表示出的大氣盤旋的宇宙景觀和深邃神秘的天空，表明了在上古意識中南北造型意識的一個重大差異：即南方的楚藝術，以千年升騰的造型與遼闊深邃的空間感爲特徵，更多的關注和嚮往我們頭上的星空，造型

↑ 楚國繪畫

↑ 曾侯乙墓主棺上的繪畫 4

觀念偏向於寫意；而質樸、深厚凝重的北方中原地區的藝術，則似乎更眷戀我們腳下的黃土，造型觀念更多地受寫實法則的支配。

　　朱龍華：在古代，地區的因素、地理的因素和山川景物的特點對人的影響還是比較大的。我們中國就常有這樣的說法。如屈原的《楚辭》，屈原的楚文化，他主要是因爲在江南的水鄉，雲蒸霧繞，尤其會使人的思想浮想聯翩。而北方也像《楚辭》所說的那樣——一望平原，使得人們更重視怎麼樣腳踏實地一步一步地走過去。從這裏面，可以進行一些比較。

　　而這種寫實與寫意的造型差異，更明

⬆ 鴛鴦形盒左側撞鐘圖

顯地在古代中國和古代希臘的青銅藝術上得以表現。

希臘、羅馬也有很高水準的青銅工藝的作品。這些作品主要是依靠它的藝術力量。例如：在青銅器上有很優美的浮雕，甚至有很生動的小雕像，像維納斯、海馬的雕像。希臘神話的這種雕像確實也有很高的水準。就工藝本身來說，作為一個工藝品，它既有藝術水準的一面，又有工藝水準的一面。從這一點看，中國的青銅工藝，其工藝水準很高，確實比希臘、羅馬的青銅器更為突出。

以淅川下寺青銅器群為楚藝術風格的代表，它們在造型上所表現出的特徵是對靈巧、生動、變化和力度的喜好。造型與裝飾上複雜華麗的作風，對抽象形式因素、對比關係的敏感、造型設計的務實傾向以及設計意識的精確周到。曾侯乙墓中的青銅器及漆木製藝術品，更是將下寺風格發揮到了極致。這些大型酒器是戰國青銅器藝術的代表作品。它們體量巨大，功能設計巧妙，突破了舊有的造型規範，以適應君王與新興貴族的需要。曾侯乙墓中出土了一件大型青銅器名為方鑒缶，是一件冰酒的器具。使用方法是：中間的器物內裝酒，週邊的器物裡放冰。這件方鑒缶的內部還設計出了用以穩定盛酒器皿的機關。整件器具從設計到製作所表現出的精巧是前所未有的。

春秋中後期的傑出工匠們，以貴族們對豪華與享受的崇拜爲契機，最大限度地激發出了人們的潛能。這種超乎常人想像的創造力，集中表現在另一件青銅器上。在曾侯乙墓的中室，也就在巨型編鐘旁邊，安放著一件青銅器。當大墓中的泥水被抽乾後，人們看到它靜靜地在那裡沐浴著夏日的陽光。可能是由於巨大的編鐘搶奪了太多興奮的目光，這件青銅器在片刻間顯得有些孤獨。而當考古工作者將它獨自取出凝神望去的時候，地平線上的喧囂突然終止了。

這件青銅器被叫做尊盤，由一尊一盤組成。出土時尊置於盤中，尊高33.1釐米，盤高二十四釐米。尊與盤通身裝飾成纖細繁複的立體透空紋路，由無數條游動的小靈蛇錯綜的穿插結構而成。這些蜿蜒游動的小靈蛇，僅僅靠內層的銅等連接，看上去如同半空懸浮一般。而這件結構複雜到令人難以置信的器具竟是在西元前五世紀或者更早，由工匠們鑄造出來的。經過仔細的觀察，一種由衷的震撼，衝向每一位目擊者。當時中國科學院歷史研究所的李學勤教授正在發掘現場。

李學勤：當時這個尊盤放在院子正中間的位置，因爲它上面都有水，就沒有問題。我趴下來看著這個盤，因爲不熟，不

【負荊請罪】

藺相如完璧歸趙後，被趙惠文王拜爲上卿，地位在大將廉頗之上。廉頗很不滿，處處給藺相如難看，藺相如卻處處避讓。藺相如說，之所以這樣，是爲顧全大局，秦國不敢侵趙國，就是因爲有藺廉二人在啊。廉頗聽說後慚愧萬分，他打著赤膊，背上荊條向藺相如請罪。將相和成爲歷史佳話。

■廉頗

（生卒年不詳）戰國時趙國名將。先不服藺相如，後爲其所感，負荊請罪。長平之戰，堅守三年，後因趙改用趙括爲將，致使大敗。

■歐幾里德

（Euclid，約前三三〇—約前二七五）古希臘數學家，著《幾何原本》十三卷，是世界上最早公理化的數學著作，對後來數學發展的影響，非其他人能及。

敢用手接觸它。它太細了，太纖細了，我足足看了有四十分鐘左右，我背上的汗都濕透了。當時我就得到一個想法：這個東西不是用石範（用兩塊石頭鑿出所要青銅器的形狀，將熔化的銅液注入其中，待冷卻後剝開合在一起的兩塊石質模子，就得到所需要的青銅器物，這種鑄造青銅器的方法比較原始，只適用於鑄造一些簡單器物，或者表面紋飾不複雜的器物。）而是用陶範（陶範與石範相似，不可因可以擊碎，必須造一個模子製一件器物，適用於較複雜器物的鑄造）的方法鑄造的。必須用我們的失蠟法——蠟模子這種方法來製作。過去認為中國的蠟模子（失蠟法）鑄造是非常晚的，沒有像這個墓這麼早的時期。這個墓的時間，是在西元前四三三年或者稍晚一點兒。按照墓裏的說明這是西元前五世紀，太早了，所以當時認為這個失蠟法是很大膽的一個說法。當天晚上開座談會的時候，我提出了這個說法。大家討論了這個問題。後來經過專門做冶金的人鑒定，最後證明確實是失蠟法。這應該是失蠟法最早的一個鑒定。這在科學技術史上有很大的意義。

那麼失蠟法是怎麼回事呢？

杜迺松：所謂失蠟法，也叫蠟模法、走蠟法。它的名稱還是很多，我們現在一般都叫失蠟鑄造法。它的鑄造方法，與泥模還有一定的區別。它的原料是用蜂蠟一類的蟲蠟。僅僅是單純的蜂蠟蟲蠟還不夠，還要加上動物的油脂，摻攪在一起。根據你所要鑄造的一些內容，然後把攪在一起的這種蠟進行捏塑。捏塑好樣子以後，然後就用細的泥汁往上多次澆進，把這個蠟模就給包住了。用泥汁把蠟模澆鑄了以後再加熱，蠟就流走了。這樣就把這個蠟模變成了泥模，然後按照泥模的鑄造方法就可以完全鑄造出來了。

付中望：青銅器上面那些紋飾，非常細的那些，像頭髮絲一樣的紋飾，你看不出來是多少人，幾個人在做，它完全是一個樣。所有的圖案，它的刻製的方式、它的這種特點完全很統一。你沒辦法

分辨出這個是什麼人做的，那個是什麼人做的。

中國的青銅器時代，在它行將結束之前又完成了一次藝術風格的轉換，並由此創造了它的又一個高峰。

李學勤：從藝術水準上看，曾侯乙墓所表現的是一個非常高的發展的水準。不管是叫隨國還是曾國，它都是一個小國。比起附近的宋國，這個侯也是很小的，與楚國更是無法相比。可是這個效果卻爲我們展現了一個高度發展的文明。當時在歐洲同樣也有高度的發展，但發展的方向完全不一樣。不管從音樂史的角度，還是從青銅器的角度、從美術的角度來看，兩者是完全不同的。以曾侯乙墓爲代表，說明中國人當時所達到的工藝的和藝術的各方面的水準，可以毫無愧色地稱爲當時世界上的最高水準。

我們無從知曉那些創造了偉大奇蹟的工匠的姓名，但這件傑出的作品卻在今天展出在博物館裏，供人們參觀，成爲人們討論的不可思議的話題。假如靈魂果眞不死，有人會相信，那個工匠也時常悄然而來，面對這件熟悉的器具，輕輕拂去落在玻璃上面的塵埃。

戰國時期的楚青銅文化在顯示著卓越創作的同時，其藝術特色與成就在漆器和絲綢作品中，也得到充分地展示。這些繪畫造型與主人對生命與死亡的態度緊密相關。繪畫的內容，常常是飄浮在無邊無際、無法度量的幻化空間裏的形象。這種騰雲駕霧飄飄欲仙的感覺，如莊子的逍遙遊所描繪的情景一樣。楚系的繪畫，顯然是受原始的神話巫術的影響。聞一多先生對這種文化現象有一個詮釋。他說，道家是重視靈魂的，認爲人活著的時候生命短暫停留在軀體中，一旦軀體死去靈魂便被解放出來，而得到這種絕對自由的存在才是眞的生命。

對生命與死亡的態度也決定了古埃及人的藝術形式。古埃及人相信他們死後的靈魂，將與保存好的屍體同在，墳墓是他們眞正的歸宿。因此他們的絕大多數藝術品都是奉獻給靈魂的。所以藝術中

↑ 鴛鴦形盒右側擊鼓舞蹈圖

的人、動物和神怪，全都踏著一條堅實的地平線。與之不同的是，古中國楚人的繪畫所描述的形象卻是靈魂出竅和精神自由飛升。曾侯乙墓中的器物上所描繪的形象便是這一風格的典型展示。墓主棺上的繪畫內容十分詭秘，具有濃厚的巫術色彩。內棺左右側板及頭擋板上以整齊的方格分割著畫面。在相對獨立的方格中，分布著不同類型的神、龍、鳳及怪獸形象。這些神怪都是正面矗立，手中所持的兵器是有兩個戈的戟。因而，有人認為他們是守衛死者靈魂，或者引魂升天的衛士。在內棺兩側及頭部的一面，畫有模擬建築物的窗格圖案，可能是為了死者的靈魂自由出入。在外棺足部一側的右下方，開有一個方形門洞，高三十四釐米，寬二十五釐米。這是一扇靈魂之門，為的是讓曾侯乙的靈魂可以由此飛出。

付中望：剛接觸的時候，我內心有一種恐怖感。覺得有一種很陰森、很神秘的東西和氣息。特別是，有的時候我一個人在裏面畫棺木，當時那個工作間，擺的全是棺材，有的是原件，有的是複製件。畫得時間長了以後特別安靜，如果畫著畫著突然猛地一看，加上這些棺材本身的功能性和附加在上面的這些圖案，就會覺得身上有一種發冷、發抖的感覺。

這些極富詭異色彩的繪畫內容，會令人有一種頗為神秘的遐

想。那時的君王爲了消除對死亡的焦慮和失落，在籌備死亡之旅時並不利用其所消耗的人力物力。在這種特殊的心理狀態的驅使下，他們要借助這些符號般的藝術力量來安慰或告訴自己，靈魂一定會升天。

<6> 重建消逝的生活

曾侯乙墓中的繪畫作品集中表現了古代中國楚藝術對於宇宙蒼穹的偏愛。將天地人的造型濃縮於曾侯乙器物的方寸之中。那時的畫師們，是憑藉著猜測與想像進行創作，還是曾經看到過什麼景象呢？戰國時，楚國詩人屈原在他的

↑ 曾侯乙墓主棺上的局部繪畫

↑ 外棺下側的靈魂之門

↑ 馬甲

詩作《天問》中，一口氣提出了一百七十多個問題。那是屈原在遭到放逐，浪跡於天地之間的時候作出的詩作。詩人提問的方式對於今人來說，很像是意識流。那一百七十個問題涉及到許多有關宇宙天地、山川神靈的歷史故事和神話傳說。可以推測，詩人是在面對著什麼景象有感而發。

那麼屈原當時究竟看到了什麼呢？兩千年來，一直為後人爭論。

研究東漢史的學者王藝說，屈原是在流放在漢北期間參觀了楚國先王的宗廟。而宗廟裏的牆壁上畫滿了有關天體神靈的壁畫，楚先王的宗廟，是楚昭王於西元前五○四年建造的。從屈原那種仰視發問的行為上來看，在廟宇的頂蓋上，可能有一面描繪著晝夜交替，日月星辰，天體構造以及生命萬物起源的壁畫。壁畫由誰而畫，我們不得而知。但那些壁畫完成的年代，距離曾侯乙下葬的年代並不太遠，這不禁又使人聯想到曾侯乙的二十八星宿圖。值得注意的是，曾侯乙墓中的二十八宿呈反方向排列，這是一個刻意的設計。原湖北省博物館的學者郭

↑ 馬甲獸紋

德維先生認為，設計者以拱形箱蓋象徵圓形的蒼穹，而以長方形箱底象徵大地。當人們站立在大地，仰視頭頂的星空時，二十八宿則無疑是順時針排列的。而如果人們是從箱子的頂蓋往下看時，則二十八宿就一定是反方向排列的。二十八宿的設計者是極富想像力的，並且考慮得相當周到。他也許在設計前，曾遵照了曾侯乙的旨意，使君王在地下仰臥的時候不至於看到一幅反方向排列的星空圖。由於屈原所看到的壁畫內容相當豐富，人們推斷其壁畫很可能是由眾多面積不大的畫幅組成。這種內容浩大、尺寸微小的例證，恰好在曾侯乙墓中的繪畫作品中得到了集中表現。

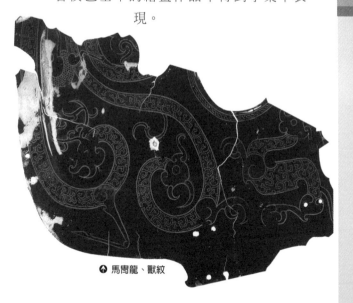

⬆ 馬騎龍、獸紋

》》》 天·工·開·物 》》》

【複合劍】
　　實際上是一種採用含錫量不同的兩種銅合金鑄造而成的青銅劍，就是說其劍脊（包括劍柄等）部分是採用含錫量比較低的銅合金製成，其劍刃部分採用含錫量比較高的銅合金製成。由於劍脊與劍刃兩部分的合金成分存在差別，受幾千年地下環境的影響，含錫量低的劍脊常常呈亮黃色或銅綠色，含錫量高的劍刃常常呈淺灰色或灰黑色，整體上一看，在一件青銅劍上就有兩種顏色，泛呈黃色或銅綠色的劍脊就像是插在青銅劍的中心，所以複合劍又常常被稱之為「雙色劍」、「插心劍」。

》》》 中·外·名·人 》》》

■扁鵲
　　（生卒年不詳）戰國時醫學家。周遊各地行醫，擅長各科。實行「望聞問切」診斷法，尤其擅長切脈診斷。《史記》、《戰國策》中記載有其傳記和案例。

■希波克拉底
　　（Hippocrates，約前四六○—前三七七）古希臘醫師，西方醫學奠基人。制訂「希波克拉底誓言」，其基本精神沿用至今。認為醫生也要注重環境等對患病的影響。

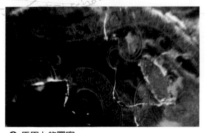

⬆ 馬甲上的圖案

付中望：古代的那個工匠，他畫的每根線是非常流暢的，令我到現在都不能理解。有些很長的線條，他不是用尺，就是用筆隨著拉出來木的粗細、力度都能保持那種狀態。這應該是非常熟練的。我覺得我們當時在彩繪的時候不能與他相比。那種線條和那種感覺完全達不到那種東西。我想那些古代的工匠，可能是幾代人都在畫這個東西，他的工夫是很深的。

曾侯乙墓繪畫中最為精細華麗的部分，表現在馬甲和馬冑上。繪畫者將兩條龍、一隻鳳、一隻鹿，這四個動物融為一體。你中有我，我中有你，虛實結合，若即若離。在繪畫手法上，全部採用了線條勾勒，沒有明暗、透視和嚴格的比例。這是典型的中國式的審美觀，追求的是動態的和諧。

付中望：我當時通過大量的臨摹和複製。我覺得，儘管這些繪畫有許多隨意性很大、很動盪的表達，但總體而言，它有一個很理性的框架控制。所以每一個部分的圖案，都是控制在一個平行線、直線，或者在一個、某一個範圍裏面。這些控制的線和範圍都把整個繪畫給劃分了，分割了。當時看了以後，特別像蒙特里安的那種冷抽象，那種方格一樣的那種感覺，大致結構就是那種東西。但是在所有的結構裏面，都包含了很多具體內容在裏面。

戰國的繪畫藝術已經基本奠定了後來中國畫的基礎。其後幻覺性的象徵主義始終是中國藝術的正統，而這也證實了它與古希臘藝術的最大不同。古希臘用比現實更完美的人體表現審美，古中國將世俗人群賦予幻想的靈光。不過至少在曾侯乙時代，中西方繪畫有一個明顯的共同點那就是關於色彩的概念。

↑ 瑟側面鳳鳥紋

雙方都以紅、黑兩色爲主色。要麼紅底黑像，要麼黑底紅像，圖案不同，但著色一致。黑色用的是硯臺，紅色用的是丹砂。是什麼原因使相隔遙遠審美不同的兩個地域，愛上了相同兩種色彩呢？這是與各自的哲學思想有關。

古希臘哲學家德謨克利特認爲，紛繁的事物都可歸納成幾類不多的原子。從色彩上看，他把常見的顏色分解爲四原色：黑、白、紅、黃。中國的商周哲人，把世界的本原看成由金、木、水、火、土要素構成，稱爲五行。與此對應，色彩也有五元色：黑、白、赤、黃、青。這種來源於自然結構的色彩，變成了遙遠的東西方共同認定的美的定義。我們從曾侯乙器物的繪畫中，可以看到對黑白紅色的大量應用。而這些附著在曾侯乙器物上的顏色，在二千四百年後重見天日時，竟能夠保持得異常絢麗。它們所經歷的歲月如此漫長，而色彩卻如此鮮豔，令當時在場的考

>>> 歷·史·典·故 >>>

【鼓盆而歌】
　　莊周的妻子去世後，莊周席地而坐，雙腿夾個瓦盆，邊敲邊唱：「世人笑我不悲傷，我笑世人空斷腸；死後若還哭得轉，我亦千愁淚萬行。」對來弔唁的好友也視而不見。面對好友責問，莊周說：「世界開始時並無生命，且無形體，更無氣。恍惚間產生了氣，有了形體，有了生命。我妻子現在又從生命狀態變了回去，如同回家一樣，我爲什麼要哭呢？我高興才對！」

>>> 中·外·名·人 >>>

■甘德
　　（生卒年不詳）戰國中期天文學家。與石申精密記錄的黃道附近箱星位置及其與北極的距離，是世界上最古的箱星表。著作有《甘石星經》。

■阿里斯塔克
　　（Aristarchos，前三世紀）古希臘天文學家。曾提出地球繞太陽飛行，這是樸素的日心說，估算出地球和太陽的直徑。

古者無不爲之驚歎。

　　隨縣大墓的發掘工作，已進入尾聲。人們沉浸在一種難以言表的興奮中。從一九七七年十月大墓被發現，到一九七八年六月文物被全部取出。經歷了近一年的時間。

❹ 鴛鴦漆木盒上的繪畫

譚維四：六月二十八日這個事做完以後，基本上告一段落。還有一個問題是：槨木拆了，槨底是不是還有東西呢？按照過去考古發掘的一般規律，有的墓葬裏面，槨底下面可能還有腰坑。爲什麼要在槨

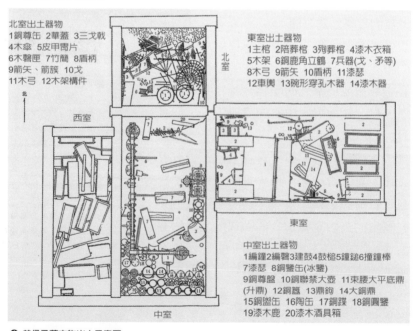

北室出土器物
1銅尊缶 2華蓋 3三戈戟
4木傘 5皮甲冑片
6木磬匣 7竹簡 8盾柄
9箭矢、箭簇 10戈
11木弓 12木架構件

北

西室

東室出土器物
1主棺 2陪葬棺 3殉葬棺 4漆木衣箱
5木架 6銅鹿角立鶴 7兵器(戈、矛等)
8木弓 9箭矢 10盾柄 11漆瑟
12車輿 13碗形穿孔木器 14漆木器

東室

中室出土器物
1編鐘2編磬3建鼓4鼓棺5鐘鎚6撞鐘棒
7漆瑟 8銅鑒缶(冰鑒)
9銅尊盤 10銅聯禁大壺 11束腰大平底鼎
(升鼎) 12銅簠 13鼎鈎 14大銅鼎
15銅盥缶 16陶缶 17銅鐮 18銅圓鑒
19漆木鹿 20漆木酒具箱

中室

❹ 曾侯乙墓文物出土示意圖

的中間挖一個小坑呢？祭奠，或者在腰坑裏埋個羊、狗或人。在墓葬修建的時候，要祭天、祭地和祭祖。另外，這個槨板是放在什麼上面的，還是直接放在石頭上面呢，抑或是槨底下有墊木隔著的。這個問題也需要了解。但是現場既要保留也不能損傷槨板。因此，我們採取了鑽探的辦法：剛開始是在每個槨室，挖一個小的，見方的，戳一個洞。然後在裏面用探鏟

❖ 矛狀車事

打。後來我說，打洞不行，打洞就破壞了地板的完整。這也是楊定愛同志負責進行的。先打了個小洞以後，然後用探鏟（洛陽鏟）探不下去。後來用鑽，鑽的結果發現底下都是石頭，都是和旁邊的紅砂岩一樣的石頭，沒有發現腰坑，也沒有發現墊木。我們又敲了敲槨板，試試聲音，不像下面有空洞，就證明它還是擱在這個石板上

⬆ 曾侯乙墓室全景

面的。把這個工作做完了以後，又進行了攝影、測量和繪圖。把槨地板有多少塊，是怎樣的槨室，怎樣的結構記錄下來，我們的發掘工作就算基本完成了。從我個人來講，直到這時作為隊長的擔子才感到稍微輕鬆了一點兒。畢竟我們達到了我們的要求。沒有遺漏一件文物，沒有損壞一件文物，我們該取到手的都取到手了。

對曾侯乙墓的田野發掘工作，終於宣告結束。參與發掘工作的人們，增加了一分沉甸甸的成就感。上級領導決定對有關單位和集體給予表彰。

邢西彬：當時給鄭所長、王副所長、還有一位所裏領導發的獎狀。對給雷達修理所記的集體功。那時候主要還是講精神鼓勵，由於他們做出貢獻很大，經過研究，獎給他們一台二十一寸的彩色電

視。當時彩色電視並不普及，雷達所的同志過去還沒看到過彩色電視，把這個獎品給他們之後心裏都美滋滋的吧。這個美，當然是他們做出貢獻所應該得到的。給修理所的同志，每人發了一部收音機。東西雖然不多，卻是政府對他們做出貢獻的鼓勵。

中國社會科學院歷史研究所的李學勤教授說，曾侯乙墓改變了人們對歷史的認識。紐約大學的麥克倫教授被曾侯乙墓的文物所震懾。他歎服道：「曾侯乙編鐘是古代世界的第八大奇蹟。」

為了加緊對大墓中的器物進行研究及保護，上級領導要求將文物運到湖北省博物館。於是，運送這批無價之寶的大批軍車踏上了一段漫長的道路。在西元前四三三年或稍晚一些時候，曾侯乙死了，曾有著一支浩大的送葬隊伍，從君王的宮殿到達墓地；經歷二千四百年以後，也就是西元一九七八年，曾侯乙和他的眾多器物，又一次進行了遷移，目的地是中國武漢。

湖北省博物館，當時為了這批國寶修建了一座新館，歷經十年時間。到一九九九年，一座規模浩大的建築物終於竣工。這就是湖北省博物館新館── 曾侯乙編鐘館。在這個與國寶相匹配的建築物裏，展示著從曾侯乙墓出土的文物。在感應燈下，每一件器物

● 彩繪陶紋笙 笙斗通高20.8釐米

⬆ 墓主的大套棺

都在講述著一段段悠遠的故事。隨州人喜歡把這個博物館叫做曾侯乙館,因為這裡展出的是曾侯乙的遺物。

一九七七年,隨縣發現了曾侯乙墓,一九七八年,發掘結果震驚世界。一九七九年,國務院批准建立隨州市。也是在這一年,那些曾帶給隨州人光榮與夢想的偉大文物,永遠離開了隨縣。儘管捨不得,隨州人還是揮手送別了曾侯乙。也許這些文物只有到了省城,才能充分發揮它們的價值。今天的隨州市,處處都能夠看到那些臨摹於曾侯乙器物的立體造型。這些造型已成為隨州市的標誌。

在曾侯乙墓的遺址,已經建成了一座建築物。它位於空軍的營區內,寧靜而安全。為了防止乾裂,墓坑裡被重新注滿了清水。這裏籠罩著一種肅穆之氣,前來參觀的人們小心地移動著腳步,彷彿生怕驚擾著誰。

在一間大房子裏,向前來參觀的人們講述大墓被發掘時的事情。那些曾經參加過激烈工作的車輛,如今早已被淘汰,靜靜地臥在營區的角落裏。二十年前,這輛卡車曾不知疲倦地往來於發掘現場。人們追尋著它的身影,風裏雨裏奔跑。商店為出售的許多仿製編鐘的紀念品,這是發掘了曾侯乙墓以後才出現。湖北省有許多生產這類產品的工廠,為更多的人提供了新的職業選擇。

在隨州博物館一間演奏廳裏，端放著一座曾侯乙複製編鐘。每天，年輕的演奏者都要穿戴整齊地向前來聆聽的人們演奏幾支古今中外的曲目。一九九七年，作曲家譚盾在中國香港，指揮了他的大型交響樂──《天地人》。曾侯乙編鐘成為樂曲的重要配器。中華編鐘演奏團與香港樂士兒童合唱團以及香港管弦樂團共同演出。演奏家們用各種錘子和刷子，敲擊出編鐘的魔力。

夏季風將很遠的鐘聲帶了回來，那時誰可能聽到過這個既熟悉又陌生的聲音呢？

曾主持發掘曾侯乙墓的譚維四先生和許多直接參與或間接參與發掘工作的學者們，懷著同樣執著的心態繼續研討著有關曾侯乙墓的一切。在曾侯乙墓中，還有很多謎沒有解開，有待於多學科的學者們去繼續探索。作為考古者，譚維四的魅力在發掘現場得以充分體現，而作為中國的考古者，他又必須遵循克制忍耐的發掘原則。

俞偉超：做考古的人，有個原則，就是希望能夠用最好的手段將古代遺留到今天的東西發掘出來，恢復起來。但是人的能力是不斷進步，今天我們考古發掘的能力，如果過五十年，一百年，會發掘得更

好，因此，考古者有一個道德觀念：能夠不發掘的就暫時不發掘，留給以後去發掘。因為以後發掘，工作水準肯定比我們今天要高。所以即使考古工作者自己很想知道，但是道德觀念壓制自己，最好少發掘。所以我們現在一個原則是：配合基本建設，如果不去發掘，它就要被毀掉，那我們去把它發掘出來。從科學方面來說，發掘跟盜掘有天淵之別。因為考古發掘中，有些是很漂亮的實物，各種實物之間有種關係。離開這種關係，它的價值和用途我們都不清楚。盜墓呢，拿出東西來一分而散。第一是不知道原來是怎麼樣的。例如說曾侯乙墓的這套編鐘，出來一套，連鐘架子都可以知道，都可以復原起來。如果是盜墓，將來盜的東西一分而散，如果不是一批人盜，兩批人盜，東西一分散，那這套鐘怎麼編起來？這對曾侯乙墓，對音樂史的資料都是巨大損失。另外，考古發掘還有很多材料，是很鬆軟的東西，有機物一些痕跡。人類使用的痕跡在土裏邊東西腐爛了。這些痕跡盜墓的是不會用的，因為它賣不了錢。而恰恰這些東西，具有很重要的科學價值。例如發掘古代遺址，通過人的食物和動物的骨骼，可以知道當時古代的農業是怎樣的、畜牧業是怎樣的，而這些東西對盜墓人來說是難以收集而且不值錢的，就不要了。因此，考古發掘可以得到的科學資料是非常全面的，而盜墓只得到一部分的資料。而這些資料本身價值是由於分散的原因受了很大的損失。對於科學來說，這兩者差別太大了。

　　曾侯乙墓是在一個極其偶然的機會中發現的。那些曾經經歷了發

○ 彩繪竹胎漆排簫　最長管22.5釐米，總寬度11.7釐米

現與發掘的人們，都因此有了一段值得自豪的回憶。二十年過去了，雖然最初的興奮漸漸散去，但對曾侯乙墓和曾侯乙器物的研究發現仍然有許多令人興奮的話題。這個話題的交談對象彷彿就站在十分久遠的石窟的另一端，交談的時間是從發現對方開始的，而交談的形式又是從考古開始的。

中國深邃的歷史使中國的考古學家的研究步履漫長。那麼中國的考古，是從什麼時候開始的呢？

俞偉超：在中國境內進行考古，開始是一些外國人。如：當時的瑞典人安特生，在一九二一年發掘了東北的沙谷屯和河南澠池仰韶村，發現了紅山文化和仰韶文化，特別是仰韶文化。因此，一般中國考古學界就把安特生一九二一年的發掘作為中國近代考古學的開始。而我們中國自己做考古，則開始於一九二六年。當時中國政府已經成立了中央研究院。中央研究院裏有四個組，其中一個組叫考古組。在一九二六年，李濟之先生，在山西夏縣西陰村發掘了一個仰韶遺址。中國人自己在中國境內進行考古工作，一般就以李濟之發掘西陰村作為開始的時間，即一九二六年。過了兩年，到了一九二八年，河南安陽殷墟商代遺址發掘以後，大規模的考古工作開始了。從一九二六年開始計算，中國的考古工作比歐洲晚了七、八十年的時間。這是我們中國考古發生的一個階段。從一九二〇年代到一九三七年日本侵華戰爭爆發，中國考古中斷了十多年的時間。重新在中國開始做大規模的考古工作，是一九五〇年解放以後，新中國成立以後才開始的。從那時到現在又是半個世紀的時間了。

俞偉超：考古學的目的，就是重建已經消失的生活。英文叫Reconstruction，實際上就是把具體面貌把它恢復起來。例如：過去北京城的一條馬路，馬路是怎樣的，人們穿什麼衣服，吃什麼飯等等，重建把具體的生活面貌把它恢復起來。但是考古學家不是僅僅為了重建，其實更深刻的地方還在於了解古人的思想情況。從國際

史學研究的角度來說，從一九二○年代以來不斷地在探索。目前比較深入的是，一九八○年代以後，法國的「論壇史學」這個學派講得很深刻，它對於古代文化價值的觀點是，古代文化已經消失，已經滅亡，今天為什麼還有價值呢。就是今人理解了古代文化，那麼就跟古代交上朋友一樣，可以進行對話。在與古代文化的對話中會對今人很有啟發。這個啟發有助於我們今天生活。它把古代文化當做一個被恢復的活體來看待。這在具體實際中就可以被理解了。我覺得這話說得很深刻。我覺得今人與古人能否對話，關鍵是看人的生物的本能如何。所以這就像古人與今人的生物本能是一模一樣，沒有差別的。特別是一九八○年代末、一九九○年代初以來，分子生物學的研究、遺傳學的研究，應該說現代人的起源只有一、二十萬年的歷史。從人類學的角度，智人開始才是現代，智人的生理情況與現在一模一樣。文化情況不一樣，生理情況一樣，自然屬性一模一樣，我們能夠理解古人，就是由於生物本能的一樣。我們今天可以理解一部分其他動物，狗、貓，但不可能完全了解。但是對於古人，我們可以了解得很多，就是因為人是一樣的。因此，我覺得法國「論壇史學」這段話給我們的最大啟示在於，古人的一切活動，在我們身上不過是換一種形態的運動。人類固然有很多進步了，但最本質的東西，人的七情六欲，千百年來也是一樣，只不過具體的條件不一樣而已。對於政治家來說，應該了解這些，這樣才能夠治理好一個國家。

讓我們回過頭去再看看曾侯乙墓，假如當時在場的軍人對那一片五花土沒有足夠的警惕；假如施工中的炸藥沒有得到嚴厲控制；假如空軍雷達所沒有擴建廠房的計劃；假如廠房選址放在另一個地方。人們對隨縣東團坡下面的認識又將如何呢？那些巨大的秘密極有可能至今還權權是一個傳說：在很久以前，有一位君王死了。以他生前的地位和身分而論，葬禮十分隆重。無數的金銀珠寶，成車

地推進墓穴中，隨葬的還有人們見都沒見過的大型青銅儀器和眾多陪葬的奴隸。為了大墓的安全又造了眾多假墓，以至於至今也沒有人知道哪一座是真的。

假如沒有發現曾侯乙墓，對於那些諸如曾國與隨國的概念；曾國與楚國的關係；中國十二音律的起源；二十八宿的由來；失蠟法應用的年代……的問題，人們可能因為缺乏實物作為強有力的證據，只有在古文獻的記載與孤立的文化依存中，憑借更多的推測來進行解釋了。人們又將在何時才能有機會目睹大型編鐘、混紡物品、罕見兵器以及眾多銘文呢？

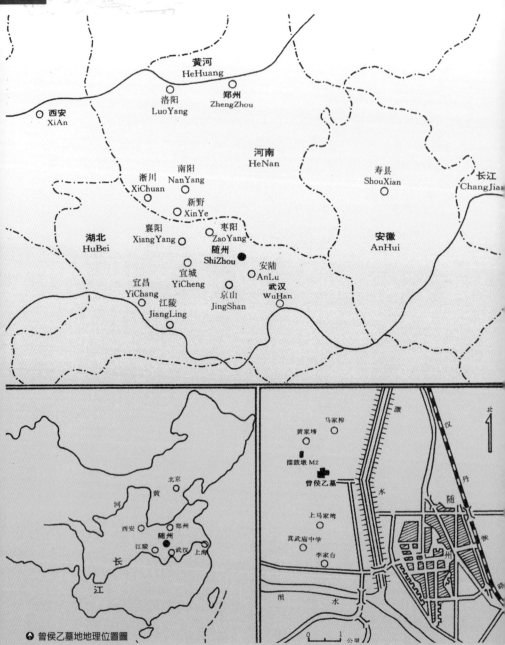

黃河
HeHuang

西安
XiAn

洛阳
LuoYang

郑州
ZhengZhou

河南
HeNan

寿县
ShouXian

长江
ChangJia

淅川
XiChuan

南阳
NanYang

新野
XinYe

湖北
HuBei

襄阳
XiangYang

枣阳
ZaoYang

随州
ShiZhou

安徽
AnHui

宜城
YiCheng

安陆
AnLu

宜昌
YiChang

江陵
JiangLing

京山
JingShan

武汉
WuHan

北京

黄

河

西安

郑州

随州

江陵

武汉

上海

长

江

北

马家榨

黄家塆

擂鼓墩 M2

曾侯乙墓

漂

水

汉

丹

随

州

峡

上马家塆

真武庙中学

李家台

浭

水

0   1
公里

↑ 曾侯乙墓地理位置圖

歷・史・大・事・年・表

西元前770年	周平王時代開始。平王東遷，都洛邑。東周開始。
西元前770年	周平王封秦襄公為諸侯，秦始建國。
西元前685─643年	管仲輔佐齊桓公，打著「尊王攘夷」旗號進行爭霸活動。
西元前684年	齊魯長勺之戰，魯勝。
西元前662年	魯莊公死，其子子般即位，莊公之弟慶父製造內亂。
西元前662年	慶父殺子般，立九歲閔公為君。
西元前660年	慶父又殺閔公。
西元前659年	魯人趕走慶父，魯僖公即位，慶父被抓後自殺。
西元前659─西元前621年	秦穆公在位。
西元前651年	葵丘之盟。齊桓公和各諸侯在葵丘會盟，東周王室也派大臣參加。
西元前650~西元前637年	宋襄公在位。
西元前645年	晉國推行「爰田制」，「作州兵」。
西元前641年	秦滅梁。
西元前636年─西元前628年	晉文公在位。
西元前613─西元前591年	楚莊王在位。
西元前594年	魯國「初稅畝」，井田制瓦解，「私田」的合法性得到承認。
西元前551年─西元前479年	孔子在世。
西元前546年	弭兵之盟，楚國主盟，參加者有晉、楚、齊、秦、宋、魯、鄭、衛、曹、許、陳、蔡、邾、滕等十四國。
西元前543年	鄭國子產執政，實行改革，整頓貴族田地和農戶編制。
西元前539年	晏子奉齊景公之命使晉。
西元前515年	吳王闔閭自立為王。

歷・史・大・事・年・表

西元前513年	晉鑄刑鼎。
西元前506年	吳王闔閭用伍子胥、孫武,伐楚五戰五勝。楚昭王逃亡。
西元前505年	秦發兵救楚,吳師敗歸。楚昭王遷都。
西元前496年	吳王闔閭攻越,越敗。闔閭受傷亡,夫差即位。
西元前494年	吳伐越,圍會稽。越王勾踐重禮求和,吳王允。
西元前482年	越王勾踐抓住有利時機襲吳,夫差被迫求和。
西元前481年	田箝殺齊簡公,掌齊國實權。
西元前453年	韓、趙、魏三家勢力強大,晉國君反朝貢於他們。
西元前424~西元前387年	魏文侯在位,用李悝為相,實行變法。
西元前403年	三家分晉。周王正式承認韓、趙、魏三分晉國。
西元前392年	墨子去世。
西元前386年	田氏代姜。周王命齊大夫田和為諸侯,齊國開始由田氏統治。
西元前381年	楚悼王死,舊貴族叛亂,吳起死,吳起變法敗。
西元前378~西元前343年	齊威王在位,齊國力強盛。
西元前376年	韓、趙、魏三國瓜分全部晉地,廢晉靜公,晉亡。
西元前375年	韓滅鄭。
西元前372~西元前289年	孟子在世。他是僅次於孔子的儒學大師,被尊為「亞聖」。
西元前367年	東周分裂為「東周」「西周」兩個小國。
西元前359年~西元前338年	秦孝公任用商鞅開始變法。
西元前353年	齊威王派田忌為統帥,孫臏為軍事救趙,大敗魏軍。

歷・史・大・事・年・表

西元前350年	秦將國都由雍遷至咸陽。
西元前344年	逢澤會盟。
西元前341年	馬陵之戰。魏軍大敗，魏將龐涓死於馬陵道。
西元前340~西元前278年	屈原在世。
西元前340年	秦伐魏，魏敗後遷都大樑。
西元前338年	秦孝公死，商鞅被害。
西元前333年	張儀入秦為客卿。
西元前322年	張儀回魏國為相。
西元前325年~西元前299年	趙武靈王在位。
西元前317年	張儀說服魏襄王與秦結盟，張儀復歸秦為相。
西元前313年	張儀使楚，楚、齊絕齊。
西元前318年	韓、趙、魏、燕、楚五國攻秦，秦勝。
西元前313~西元前238年	荀況在世。
西元前311年	張儀使楚，楚秦結盟。
西元前299年	楚懷王被迫入秦會盟，被扣。
西元前296年	楚懷王死於秦。
西元前284年	燕昭王派上將軍樂毅聯合秦、楚、韓、趙、魏大敗齊國，攻下齊都臨淄。齊王死，法章繼位，為齊襄王。
西元前283年	藺相如完璧歸趙。
西元前279年	齊將田單大敗燕軍。齊襄王返回臨淄。
西元前271年	范雎入秦，被秦昭王拜為客卿。
西元前266年	秦昭王拜範雎為相，廢太后，罷魏冉。
西元前266年	趙惠文王死，孝成王繼位，平原君趙勝為相。
西元前260年	秦趙長平之戰。趙敗。
西元前258年	秦攻趙。
西元前257年	魏信陵君竊符救趙，魏、楚、趙聯合擊退秦軍。

歷 · 史 · 大 · 事 · 年 · 表

西元前256年	周亡。
西元前246年—西元前221年	嬴政做秦王。
西元前238年	秦王嬴政親政。平叛之亂。
西元前237年	秦王嬴政免呂不韋相國職。
西元前230年	秦滅韓。
西元前228年	秦滅趙。
西元前227年	荊軻刺秦王，未中。荊亡。
西元前225年	秦滅魏。
西元前223年	秦滅楚。
西元前222年	秦滅燕。

大地 中國史話系列叢書介紹

中國史話(1)
尋找失落的歷史年表
《石器時代、夏、商、西周》(170萬年前~西元前771)
編著：中國史話編輯委員會
定價：250元

中華文明的歷史遺存
慷慨萬千的斷代工程
嘆為觀止的考古發掘
考證遠古人類的生存方式
解讀夏商周的歷史年表
述說不為人知的傳奇與奧妙

本書共分四章，內容包括：文明初始、尋找失落的年表、三星堆、殷墟婦好墓。
這裏有中華文明的歷史遺存、慷慨萬千的斷代工程、嘆為觀止的考古發掘，本書為讀者考證遠古人類的生存方式、解讀夏商周的歷史年表、述說不為人知的傳奇與奧妙。

中國史話(2)
唇槍舌戰的春秋時代
《東周、春秋戰國》(西元前770~ 西元前222)
編著：中國史話編輯委員會
定價：250元

捨我其誰的熱血男兒
獨領風騷的思想巨人
一曲難在的妙曼天音
探究鐵馬金戈的戰國遺跡
追尋萬古流芳的諸子百家
開啟色彩斑斕的曾侯乙墓

本書分西周和春秋戰國和曾侯乙墓兩部分。內容包括：封建王朝的開端、制禮作樂與由神及人、競爭與動盪紛雜的歷史、隱者和道家等。

大地 中國史話系列叢書介紹

中國史話(3)
氣吞山河的雄奇帝國
《秦、兩漢三國、魏晉南北朝》(西元前359~西元573)
編著：中國史話編輯委員會
定價：250元

曇花一現的鐵血軍團
風雲際會的兩漢王朝
群雄爭霸的三國鼎立
親睹橫掃天下的大秦帝國
撫摸魅力永駐的雲岡龍門
再現白衣飄然的魏晉風度

本書共分五章，內容包括：秦帝國、兩漢三國、金縷玉衣、魏晉風度、石刻上的歷史。您可以領略曇花一現的鐵血軍團、風雲際會的兩漢王朝、群雄爭霸的三國鼎立，亦可親歷橫掃天下的大秦帝國、撫摸魅力永駐的雲岡龍門，畫中再現了白衣飄然的魏晉風度。

中國史話(4)
塵封不住的絢麗王朝
《隋唐、兩宋、五代十國(遼、西夏、金)》 (西元581~西元1206)
編著：中國史話編輯委員會
定價：250元

風華絕代的隋唐氣象
一枝獨秀的兩宋雲煙
塵封千載的西夏往事
領略繽紛瑰寶的盛世繁華
品味錦上添花的兩宋芳澤
探尋黃沙深處的王朝蹤影

本書共分八章，內容包括：隋朝業績、盧弘墓、盛唐氣象、大唐遺風、五代與遼文化、汴京夢華、錦繡江南、西夏王朝。書中涵蓋風華絕代的隋唐氣象，一枝獨秀的兩宋雲煙，塵封千載的西夏往事，可以領略繽紛瑰寶的大唐繁華，品味錦上添花的兩宋芳澤，探尋黃沙深處的王朝蹤影。

大地 中國史話系列叢書介紹

中國史話(5)
三朝上演的皇權沉浮
《元、明、清》(西元1206~西元1842)
編著：中國史話編輯委員會
定價：250元

獨步天下的蒙古帝國
氣吞華宇的明朝帝都
濃墨重彩的康乾盛世
揭開繁盛華錦的蒙古詩篇
起航波瀾壯闊的明代巨輪
透視盛極而衰的清宮末路

本書共分六章，內容包括：元朝風韻、明朝興起、康乾盛世、避暑山莊、文化劫掠、近代鐵路。
通過本書您可以了解縱橫四海的蒙古帝國、氣吞華宇的明朝帝都、濃墨重彩的康乾盛世，您可以縱覽
氣象萬千的元朝風韻、起航大氣磅礡的明代巨輪，可以透視盛極而衰的清宮末路

中國史話(6)
吶喊聲中的圖強變革
《清末、民初》(西元1900~西元1919)
編著：中國史話編輯委員會
定價：250元

晨鼓晨鐘的血雨腥風
席捲神州的覺醒奮發
描繪勵精圖治的少年中國
展示庚子事變的翻天覆地
重現覺醒者們的生死豪情

本書分為庚子事變和記憶百年兩部分。主要內容包括：庚子事變的真相、清軍和義和團對東交民巷的
圍攻、聯軍攻進了北京城、孫中山革命、清帝遜位、民國成立。

國家圖書館出版品預行編目資料

唇槍舌戰的春秋時代／中國史話編輯委員會編著
一一版一台北市：大地出版社　2006〔民95〕
　　面；　公分. --（中國史話：2）
　　ISBN 978-986-7480-61-3（平裝）
　　ISBN 986-7480-61-9（平裝）
1.中國-歷史-春秋（公元前722-481）
-通俗作品

621.62　　　　　　　　　　　　　95018485

中國史話(2)唇槍舌戰的春秋時代

編　　著	中國史話編輯委員會
發 行 人	吳錫清
主　　編	陳玫玫
出 版 者	大地出版社
社　　址	114台北市內湖區內湖路2段103巷104號
劃撥帳號	0019252-9（戶名：大地出版社）
電　　話	02-26277749
傳　　眞	02-26270895
E-mail	vastplai@ms45.hinet.net
美術設計	洸譜創意設計股份有限公司
封面設計	洸譜創意設計股份有限公司
印 刷 者	卡樂彩色製版印刷有限公司
一版一刷	2006年10月

大地

定　　價：250元

中文繁體字版由上海科學技
術文獻出版社授權出版發行